# LA

# CHRÉTIENNE

## DE NOS JOURS

TROISIÈME PARTIE

## UNE CONVERSION

PRÉCÉDÉE D'UNE PRÉFACE

PAR L'ABBÉ BAUTAIN

## PARIS

LIBRAIRIE DE L. HACHETTE ET Cie

RUE PIERRE-SARRAZIN, Nᵒ 14

1861

PRIX : 1 FRANC. 50

# LA

# CHRÉTIENNE

## DE NOS JOURS

TROISIÈME PARTIE

UNE CONVERSION

PARIS. — IMPRIMERIE DE CH. LAHURE ET Cie

Rues de Fleurus, 9, et de l'Ouest, 21

# LA
# CHRÉTIENNE

# DE NOS JOURS

---

TROISIÈME PARTIE

## UNE CONVERSION

PRÉCÉDÉE D'UNE PRÉFACE

PAR L'ABBÉ BAUTAIN

---

## PARIS

LIBRAIRIE DE L. HACHETTE ET Cⁱᵉ

RUE PIERRE-SARRAZIN, N° 14

—

1861

1860

# PRÉFACE.

Ce petit volume, que nous offrons au lecteur, peut être considéré comme un appendice de la *Chrétienne de nos jours*. La conversion qu'il raconte est un des faits que nous avions en vue, quand dans une lettre de cet ouvrage[1], nous avons dépeint une femme courageuse, qui, ayant la force et le bonheur de sacrifier à sa foi tout ce que les hommes recherchent le plus, sa fortune et son repos, doit en subir les conséquences en témoignage de la sincérité de ses convictions, et pour les affermir dans l'épreuve.

L'épreuve a été glorieusement soutenue, et la bonne volonté de cette âme d'élite n'a point failli à la grâce. Aujourd'hui c'est une fervente catholique, pleine de zèle, parce que le feu divin a été allumé en elle, aussi intelligente que zélée, parce qu'elle a été

---

1. Voir la IX<sup>e</sup> lettre du second volume de la *Chrétienne de nos jours*.

formée par les tribulations. Elle jouit d'autant plus
du bonheur de l'être, qu'elle en a été privée plus
longtemps, et qu'elle l'a acheté plus cher. Elle a
commencé par suivre Jésus-Christ dans les douleurs de la croix ; car, comme on le verra, les persécutions ne lui ont pas manqué, et maintenant elle
goûte, même au milieu des peines inséparables de
cette vie, une joie que le monde ne connaît pas, et
cette paix du cœur qui, selon la parole de l'apôtre,
surpasse tout sentiment. Son espérance est encore
plus grande que sa jouissance ; car elle a sa racine
dans cette foi vive, qui l'a poussée à fouler aux pieds
les intérêts et les plaisirs de la terre pour entrer
franchement dans la voie du ciel.

Le récit qu'on va lire est donc le complément de
notre lettre. Il raconte plusieurs choses que nous
ne pouvions pas dire ou que nous ignorions. Il ex-
pose tout ce qui s'est passé dans ce cœur généreux,
plein d'aspirations élevées, même avant d'avoir été
touché de la grâce spéciale qui l'a appelé à la véritable Église : la lutte des préjugés, des préventions
de son éducation et de ses habitudes anglicanes
contre l'appel divin dès qu'il a commencé à l'entendre ; les lumières et les secours que Dieu a accor-
dés à sa bonne volonté, quand elle a dit : Seigneur,
que voulez-vous de moi ? et enfin ce qui a porté le
dernier coup à sa liberté, entraînée par la grâce,
mais retenue encore par un reste de foi protestante

et par les affections de la nature, et qui ainsi ne s'est rendue qu'après tous les genres de combat.

En outre, notre lettre avait été écrite après la conversion de cette dame. Elle lui annonçait tout ce qu'elle aurait à souffrir en témoignage de sa foi, afin de la prémunir par quelques avis contre les épreuves inévitables dans sa situation. L'histoire qu'on va lire nous apprend comment ces épreuves ont été subies, et par quelles tribulations cette femme forte a dû passer. Elle n'en est pas sortie entièrement, et son sort avec celui de ses enfants est encore incertain. Mais le plus important est fait; car les âmes ont été éprouvées dans le creuset de la mauvaise fortune, et par la foi, l'espérance et la charité, qu'elles ont reçues en récompense de leur dévouement, elles sont désormais à l'abri, sinon de la tentation toujours possible en ce monde, au moins de l'ébranlement et de la chute. Ce sont de vaillants enfants que l'Église a gagnés, et qui, en retour de ses bienfaits, ne demandent qu'à travailler à son service et pour sa gloire.

C'est le but unique de ce petit livre. Cette histoire n'a point été écrite pour être publiée. Un jour celle qui a reçu une si grande grâce s'est sentie portée à jeter sur le papier tout ce qu'elle avait éprouvé au dedans et au dehors. Elle a pris la plume, et sans réflexion aucune, sans effort de pensée, elle a écrit d'un trait, avec le seul secours de sa mémoire et sous l'inspiration de son cœur, ce qu'on va lire. C'était pour elle un soulagement de verser le trop-plein de son âme, et il lui semblait, en même temps, qu'en reproduisant ainsi, même pour elle seule, ce que Dieu avait fait en elle, sa reconnaissance s'accroissait en s'épanchant. C'était comme un hymne de louange exhalé devant son bienfaiteur.

Elle nous a apporté simplement ce qu'elle avait écrit, ne le jugeant en aucune manière, et s'excusant de l'avoir fait, parce qu'elle y avait été poussée irrésistiblement. Elle le remettait du reste entre nos mains avec prière de le déchirer, si l'on n'en pouvait attendre aucun bien.

Nous avouons ici qu'au premier moment, et avant d'avoir lu, nous ressentîmes une impression de défiance ou de doute : sur le fond d'abord, craignant non assurément un manque de sincérité, mais un peu de cette exaltation qui altère la vérité de bonne foi, et que la sensibilité et l'imagination des femmes leur rendent si facile sur la forme ; ensuite, car cette dame est Anglaise de naissance, et nous appréhendions un français demi-sang.

Nous avons été très-agréablement surpris en lisant les premières pages, qui dissipèrent nos inquiétudes des deux côtés. Nous y trouvâmes une grande simplicité d'esprit et de cœur, et une correction de langage remarquable pour une étrangère. Mais à mesure que nous avancions, nous n'avions plus le loisir de penser au style ni à la forme. Entraîné par l'intérêt du récit, et touché parfois jusqu'aux larmes, nous ne quittâmes le manuscrit qu'après l'avoir achevé.

Alors nous nous dîmes : Si cette simple histoire nous a fait pleurer, pourquoi ne produirait-elle pas le même effet sur d'autres? Si nous avons été remués si profondément, ils le seront aussi, et c'est dans les émotions du cœur, à travers les larmes qui en sortent, que la vérité s'insinue le mieux et que la grâce de Dieu pénètre. Combien d'âmes sont dans la même situation où s'est trouvée l'auteur de ce récit, et si elles viennent à le lire, ne peuvent-elles point en retirer une lumière, un secours, un encouragement, une espérance? Il faut si peu de chose à la grâce pour agir sur les cœurs, et elle se sert souvent des plus faibles instruments. Il faut donc publier cette histoire dans sa simplicité et toute vivante, telle qu'elle a été racontée naïvement par celle qui en est l'objet.

Ici nous avons la vérité pure, garantie par la loyauté d'une âme chrétienne qui vient d'être régénérée dans sa foi. C'est une bonne fortune qu'on ne rencontre pas souvent de nos jours, et il faut la partager avec nos frères. Les fidèles en recevront de la joie et de l'édification. Les infidèles, s'ils lisent ces pages, en seront certainement touchés; car la vue

du désintéressement et de l'héroïsme, le spectacle
de la conviction aux prises avec l'égoïsme et en
triomphant, ne laissent personne insensible. C'est
une apparition passagère du divin qui élève l'âme
par l'admiration, la fait tressaillir d'émotion, ou
tout au moins l'éblouit instantanément comme un
éclair. Il en reste toujours quelque chose, et ce qui
réjouit et affermit les uns, peut réveiller ou préparer les autres.

La résolution de cette bonne œuvre étant prise,
comment la réaliser? où et sous quelle forme publier ce récit? Au milieu de ce déluge d'écrits dont
nous sommes inondés, peut-on espérer de faire sur-
nager et distinguer ce petit livre? C'est alors que la
pensée nous vint de le rattacher à *la Chrétienne de
nos jours*, à laquelle il appartenait déjà par le fait,
puisque la conversion qu'il raconte avait été signa-
lée dans cet ouvrage. Du reste, nous ne sommes
pour rien dans cette œuvre, qui s'est faite comme
d'elle-même, sauf le patronage ou l'espèce d'hos-
pitalité que nous lui avons accordée avec plaisir,
pour qu'elle pût se présenter au public moins défa-
vorablement, et eût plus de chances de succès.


                              L. BAUTAIN.

UNE

# CONVERSION.

Plusieurs ecclésiastiques, entre autres le vénérable curé de Notre-Dame des Victoires, et même
des personnes pieuses du monde, m'ont engagée,
à plusieurs reprises, à écrire, pour l'édification des
âmes et la plus grande gloire de Dieu, l'histoire de
ma conversion. Jusqu'à présent, j'ai éprouvé une
vive répugnance à venir mettre au grand jour des
faits tout personnels, et je souffrais à la pensée de
révéler aux regards d'autrui les miséricordes admirables accordées si gratuitement à une âme égarée,
qui n'avait d'autre titre à la bonté divine, que celui d'être malheureuse. Cependant, encouragée par
toutes ces sollicitations, et surtout entraînée par
l'espérance d'être utile aux pauvres protestants
(puisque je l'ai été moi-même), j'ai cru devoir en-

treprendre cette douce et noble tâche, tout en décla-
rant avec la plus profonde humilité combien je
m'en reconnais incapable.

C'est une femme peu habituée à écrire, et qui ne
sait que raconter tout simplement les émotions
éprouvées, les combats soutenus et ensuite les joies
qu'elle a ressenties. Puisse Jésus, qui court avec une
si persévérante charité après les pauvres âmes qui
se perdent, m'éclairer dans ce pieux travail. Qu'il
daigne conduire ma plume ; je m'en repose uniquement sur lui, qui m'a sauvée, pour m'apprendre
à raconter son infinie miséricorde. Confiante en sa
bonté, je consacre avec bonheur toutes les puis-
sances de mon âme à écrire ce récit avec simplicité et vérité ; ma mémoire, pour me rappeler
d'aussi innombrables bienfaits ; mon intelligence,
pour faire entrer dans le cœur de ceux qui liront
ces lignes, surtout de mes chers frères protestants,
l'inébranlable conviction que la vérité est seulement
dans l'Église catholique ; je lui consacre enfin ma
volonté, pour n'avoir qu'un seul désir : la gloire de
Jésus et le salut des âmes.

D'origine anglaise, élevée au sein de ma famille
à Paris, où j'ai reçu l'éducation la plus soignée ;
instruite en matière religieuse par une des som-
mités du protestantisme, le pasteur Monod, chez
lequel j'ai appris, avec plusieurs autres jeunes
filles, à détester la foi catholique ; mariée fort jeune,

jetée dans le monde le plus élégant et le plus léger, entourée de catholiques qui ne l'étaient que de nom, et qui, par leurs désordres de toute espèce, m'éloignaient de la véritable foi : tout concourait à m'inspirer du mépris, je dirai même de l'horreur, pour le catholicisme, sublime et véritable lumière qui m'était voilée.

Mais Dieu, dans sa miséricorde, prenant en pitié tant d'aveuglement et tant d'orgueil, commença par m'écraser sous le poids de sa justice pour vaincre ensuite le cœur le plus malheureux qui fût jamais. Tout ce qu'une femme peut ressentir de douleurs, de déceptions, d'angoisses, je l'ai ressenti.

Doutant de tout, même de la vertu, mes plus légitimes affections brisées, ne trouvant dans la froide et sèche foi protestante que glace et ténèbres, je fus prête à me livrer au plus affreux désespoir. Je ressentais pour les catholiques d'autant plus d'aversion, que c'était par eux que je souffrais tant.

Ce fut ce moment-là même que Dieu choisit pour mettre sur mon chemin un véritable chrétien, un fervent catholique, qui, par ses exhortations, ses exemples et sa conduite admirable, fut l'instrument dont se servit la miséricordieuse Providence pour sauver une pauvre âme déjà à moitié dans l'abîme.

O Jésus ! ô mon Dieu ! permettez-moi d'espérer que vous daignerez bénir ce petit travail. Placé sous la protection de la douce vierge Marie, qu'il

produise en ceux qui le liront la lumière et la conversion !

L'espérance de ramener une seule de ces âmes
qui vous sont si chères, ô mon Dieu, me soutient
et m'encourage. C'est l'unique désir de celle, que
« par une ineffable miséricorde vous avez daigné
appeler des ténèbres de l'erreur à votre admirable
lumière. »

# PREMIÈRE PARTIE.

C'était vers la fin de l'année 1849.

J'avais perdu mes plus chères illusions. Méconnue, oubliée, par ce que j'aimais le plus au monde, je l'ai dit, j'étais arrivée au désespoir.

Je voyais autour de moi celles qui étaient la cause de mes douleurs s'envelopper d'un extérieur de dignité vertueuse ; elles étaient honorées, respectées, heureuses dans leur intérieur. Et moi qui, malgré mes peines et quoique tout m'y poussât, fuyais le mal par instinct, je passais ma vie à pleurer. Les nuits entières s'écoulaient dans les larmes ; dans mon angoisse, je m'adressais à Dieu, et j'essayais de prier ! vains efforts ! il me semblait qu'un obstacle invincible me séparait de ce Dieu, que je cherchais. Épuisée, désespérée, je sentais que ma prière n'arrivait jamais à lui !

Alors, en cet affreux état, ne trouvant aucun secours dans ma foi protestante, qui ne pouvait m'expliquer pourquoi, moi, j'étais si malheureuse, tandis que les femmes les plus coupables jouissaient d'estime, d'égards et de bonheur, je cherchais à découvrir les raisons de ce malheur si écrasant et si continuel. Je me disais : « Sans doute il y a des êtres maudits d'avance par le Seigneur. Par mes péchés, j'ai bien mérité cette malédiction. Il faudrait un miracle pour me tirer de cet état. Dieu ne le fera pas pour moi. Donc, habituons-nous à cette affreuse pensée : je suis maudite déjà sur cette terre, je le serai certes dans l'autre monde, car je ne puis même pas prier. »

Ainsi s'écoulaient mes jours, dans les larmes et dans le désespoir.

J'avais deux chères petites filles, qui voyaient les douleurs de leur mère ; et ce spectacle attristait et flétrissait leur enfance.

J'étais dans cette situation, lorsqu'un jour mon mari vint me trouver et me dit : « J'ai rencontré aujourd'hui, pour la première fois depuis bien des années, un ancien et excellent ami, dont les événements m'avaient séparé. Il a été bien malheureux ; tu l'as vu autrefois dans le monde. Tu sais tous les services qu'il m'a rendus, la reconnaissance et l'estime que je lui porte. Depuis ses malheurs il vit très-retiré, et ne voit personne. Cependant, lorsque je lui ai dit que je voulais lui envoyer ma femme et mes enfants, cela a paru lui faire plaisir. Va donc le voir avec les deux petites, je crois qu'il sera heureux de ta visite. »

J'avais beaucoup entendu parler de M. N.... autrefois dans la société où je vivais; je l'avais même reçu quelquefois à dîner chez moi. Les personnes de la plus haute distinction, telles que la comtesse de X..., femme d'un ancien ministre, et dont le fils lui-même occupait alors une position supérieure, ne cessaient de me parler de la vertu, de la loyauté, du cœur généreux de M. N..., de sorte que sa réputation d'homme moral et intègre, jointe à l'admiration et à l'affection, dont je le voyais entouré par les familles les plus élevées, me remplissait de respect pour sa personne.

Cependant, dans la triste disposition d'esprit où je me trouvais, je l'avoue, l'idée de revoir une personne que je connaissais peu ne me souriait guère. Mais il était malheureux comme moi, et quelque chose m'attirait à lui.

Un jour donc, jour à jamais béni, j'allai avec mes enfants voir M. N.... Il me reçut avec une douce gravité, avec une bonté et une simplicité qui contrastaient avec tout ce que je voyais autour de moi.

La conversation s'établit tout naturellement sur

le malheur, sur les épreuves; il ignorait que je fusse
protestante.

Il me parla de la résignation, du calme, de la
paix que l'on trouve lorsqu'on est bien uni à Dieu,
même au milieu des plus affreuses douleurs. Il s'en-
tretint longtemps avec moi de ce sujet intéressant,
avec une piété, une touchante et sublime simplicité
qui m'allèrent droit au cœur. Ravie, étonnée, je l'é-
coutai longtemps, suspendue à ses lèvres. Enfin, je
m'écriai : « Oh! monsieur, comme tout ce que vous
m'avez dit m'a touchée! Quoique je sois protestante, je comprends et j'admire vos sentiments.

— Vous êtes protestante, madame! s'écrie M. N....
avec une douloureuse surprise et l'énergie que
donne une profonde conviction.

— Oui, monsieur, certainement, je le suis; mais,
après tout, il n'y a pas une si grande différence entre nos deux religions!

— Comment, madame, interrompit-il avec chaleur, pas une grande différence! Permettez-moi
de vous le dire, il y a entre nos deux croyances
toute la différence de la vérité à l'erreur, de la lumière aux ténèbres!

« Pour vous rendre cette différence plus sensible,
permettez-moi de vous citer un exemple, un fait
que j'emprunte à l'histoire.

« Un homme qui n'est pas notre contemporain,
mais qui a joué un trop grand rôle sous Louis XIV

pour que son nom ne vous soit pas connu, Turenne, attaché par le sang et par les alliances à ce qu'il y avait de plus élevé dans le parti protestant, abjura. Si un homme de ce génie, dont la qualité dominante était la réflexion, a fait, à l'âge de cinquante-sept ans, l'acte le plus important qu'un homme puisse faire ; s'il a bravé le respect humain, et tout le retentissement que devait avoir son abjuration, aussi haut placé qu'il était dans la confiance de son roi, dans l'affection de sa patrie ainsi que dans l'estime des nations étrangères, il fallait assurément qu'il trouvât une grande différence entre le catholicisme et le protestantisme.

« Je ne vous en dis pas davantage, j'appelle seulement vos plus sérieuses réflexions sur ce fait tout historique. »

Cette apostrophe m'étonna, et je restai muette ; je pris cependant congé de M. N..., avec la promesse qu'il me rendrait ma visite.

Force extraordinaire, influence puissante et mystérieuse de la vérité et de la vertu ! En sortant de cette maison où, pour la première fois de ma vie, j'entendais mettre en doute la véracité, l'orthodoxie de la religion de mes pères, et rencontrais quelqu'un assez audacieux pour lui préférer cette foi détestée, que l'on m'avait toujours appris à regarder comme un amas de bigoterie, d'hypocrisie et de superstition, loin d'en ressentir de l'indignation,

l'étonnement seul, mêlé à une vive émotion, remplissait mon cœur. Cette émotion avait aussi gagné
mes deux petites filles, car elles se mirent à fondre
en larmes et s'écrièrent tout d'une voix : « Oh!
maman, c'est un saint, ce monsieur-là! »

J'eus toutes les peines du monde à calmer leur
agitation, et je rentrai pensive chez moi.

Quelques jours après, M. N.... vint me rendre sa
visite; il reprit, sans que je m'en aperçusse, le
même sujet de conversation.

Ce fut un feu roulant d'absurdités mensongères
et de calomnies que de mon côté, je dois l'avouer
de bonne foi, je lançai contre la foi catholique, et
que lui, du sien, avec sang-froid et logique, il dé-
molissait aussitôt. Entre autres accusations, dont les
protestants poursuivent les catholiques, leur adoration pour la sainte Vierge, pour les images, sont
les plus ordinaires. Il m'expliqua à ce sujet que les
catholiques n'adorent que Dieu ; mais qu'ils demandent à la sainte Vierge de parler d'eux à Notre-
Seigneur Jésus-Christ, avec la pensée que la prière
de sa mère doit nécessairement être mieux ac-
cueillie que les nôtres. Quant aux images, les catholiques les honorent seulement comme la repré-
sentation de personnages saints, de la même manière
que nous honorons le portrait d'un père ou d'une
mère.

Après cette explication, je continuai : « Mais,

monsieur, vous conviendrez, au moins, que vous
ne permettez jamais la lecture de la Bible ni de
l'Évangile, et que les livres saints que vous mettez
entre les mains de vos néophytes sont très-altérés
et incomplets.

— Ici encore, madame, vous êtes dans l'erreur.
Les catholiques lisent, avec la permission de l'É-
glise, la Bible et le saint Évangile, et vous n'avez qu'à
comparer vos livres avec les leurs, pour vous convaincre qu'il n'y a rien de retranché. »

Puis vint la grave question de la confession, où je
croyais qu'il suffisait de dire ses péchés, sans repen-
tir, et même avec l'intention, si on le jugeait bon, de
les commettre de nouveau. Ici encore, M. N.... m'expliqua que la confession n'est rien sans les conditions de la profonde douleur d'avoir offensé Dieu,
et d'une ferme résolution de ne plus l'offenser à
l'avenir; que, sans ces indispensables conditions,
la confession n'est point valable. Sa visite dura
trois heures. Malgré une aussi vive discussion, je
fus gagnée par sa bonté, par la grave et douce sympathie qu'il paraissait déjà me témoigner; sympathie si différente de celle que jusqu'alors j'avais
inspirée aux hommes qui m'entouraient, et que
j'avais dû rejeter avec dégoût. Je retournai bientôt
chez lui, et il ne tarda pas à venir me revoir. Nos
entretiens se succédèrent rapidement, et malgré
moi, je ressentais pendant ces conversations un in-

térêt qui allait toujours en croissant. Ainsi s'écoulèrent des semaines, des mois, et nous arrivâmes
de la sorte au commencement de l'année 1850. A
force d'entendre et d'apprécier M. N..., ma confiance
et mon respect faisaient de rapides progrès. Aussi
je n'eus pas de peine, après quelques mois de connaissance, à lui ouvrir mon cœur. Je lui parlai de
mes inquiétudes sur l'avenir de mes enfants, de
mes peines de cœur si profondes, si douloureuses.
Il comprenait tout, il plaignait tout. La seule
chose qui me contrariât, c'était sa ténacité sur la
religion. J'aurais voulu qu'il ne m'en reparlât
jamais : cela tourmentait ma conscience de protestante.

Lorsque mon mari rentra, je lui dis : « M. N....
est venu me voir, il est bien bon et bien distingué.
Malheureusement, je commence à croire qu'il voudrait m'ébranler dans ma foi, et il paraît nourrir
l'illusion de me faire changer de religion. Quelle
aberration ! Mais j'aimerais mieux mourir que de
me faire catholique ; tu dois le comprendre mieux
que personne, toi qui connais le prix que j'attache
à ma religion, et la fidélité avec laquelle j'en remplis les devoirs.

— Ne te préoccupe pas de cela, me dit mon
mari (tout catholique qu'il était), tu sais que je
préfère ta foi raisonnable et large à la mienne ;
ne te tourmente donc pas de tout cela. Tu es

assez ferrée pour ne rien craindre de pareilles attaques. C'est sa marotte à ce pauvre ami! Il faut le laisser dire et n'y plus songer. Je suis sûr que ses intentions sont bonnes, et qu'il ne veut pas te blesser; donc il en faut rire et le laisser faire. »

Vains et orgueilleux calculs, qui prétendent résister à la volonté de Dieu!...

Cependant les entretiens avec M. N.... se succédèrent rapidement. Plus j'allais, et plus je me sentais mal à l'aise et troublée. Un combat violent s'élevait dans mon âme, qui commençait à entrevoir pour la première fois qu'elle pouvait bien être dans l'erreur. D'un côté, la défiance et l'incrédulité se dressaient; de l'autre, un vif désir d'en savoir davantage. Mon cœur, troublé, commençait déjà à chanceler, et cette foi protestante, que je croyais taillée dans le roc, semblait s'ébranler. Alors, épouvantée de cette découverte, je résolus, pour calmer mes agitations, d'imposer silence à cette voix qui me troublait en voulant m'éclairer. « Écoutez, monsieur, dis-je un jour à M. N..., vous croyez sans doute me faire du bien en me parlant de votre foi, et, tout au contraire, vous me remplissez de trouble; je vous en prie, ne parlons plus de toutes ces choses qui, au lieu de me donner la paix, me l'ôtent tout à fait. »

Hélas! je ne m'apercevais pas encore que ce

trouble était déjà un effet de la grâce divine, et qu'il m'était salutaire.

« Volontiers, madame, me répliqua-t-il, mais à une condition : nous ne dirons plus un mot de religion, mais si vous venez encore mettre en avant des calomnies contre les catholiques, comme celles que vous m'avez déjà dites, je vous préviens que je les relèverai. »

Il y avait à peine un quart d'heure que cette convention était faite, lorsque je m'écriai : « C'est comme vous prétendez que votre pape est infaillible, qu'il ne peut jamais pécher !

— Pour le coup, madame, vous m'obligez à rentrer dans l'arène, répliqua M. N.... Voilà encore un des mensonges des protestants sur notre compte. Le pape est si loin d'être infaillible en tout, qu'il a un confesseur, et reçoit l'absolution comme tous les chrétiens. Nous disons seulement qu'il ne peut errer, en tant que chef de l'Église, dépositaire et interprète de la doctrine de Jésus-Christ, qui a promis d'être avec elle jusqu'à la consommation des siècles.

« C'est parce que l'infaillibilité n'existe point dans votre Église que vous n'avez pas, comme nous, une seule foi et une seule doctrine, et que chaque protestant croit tout ce qu'il lui plaît. . . . . . . »

Le vif désir qu'éprouvait M. N.... de me convaincre, lui fit multiplier ses visites, et au bout de quelque temps la lumière apparut dans le lointain de mon intelligence obscurcie, comme un point lumineux. Un jour, ébranlée, tourmentée, remplie d'incertitude et de crainte, je dis à M. N... : « Enfin, monsieur, où voulez-vous en venir? il n'est pas possible que vous espériez de me faire quitter la religion de mes pères?

— Non pas la quitter, madame, mais y revenir. Savez-vous bien que ce n'est qu'au seizième siècle que l'on entendit parler pour la première fois des protestants? Protestant vient du mot protester, c'est-à-dire ceux qui protestent *contre l'Église établie.*

« Savez-vous ce qu'étaient Luther, Calvin et Henri VIII, les chefs de votre nouvelle religion?

« Les deux premiers, moines et prêtres catholiques, après avoir manqué à tous leurs serments, ont fini par abjurer leur foi; et Luther a couronné sa révolte, en débauchant et épousant une religieuse.

« Quant à Henri VIII, ce roi fut d'abord si chrétien, qu'il écrivit dans le commencement de son règne, pour défendre l'Église contre l'erreur naissante de Luther, et qu'il mérita, par sa fidélité et sa ferveur dans la foi catholique, le titre glorieux que lui donna le pape, de défenseur de la foi. Ce même Henri VIII, après avoir vainement essayé d'obtenir du pape, pour épouser sa concubine Anna Boleyn, le consentement à son divorce avec Catherine d'Aragon, sa femme légitime, dont il avait été l'époux pendant dix-huit ans, abjura la religion de ses pères, et adopta l'erreur pour se trouver libre de se livrer à ses passions criminelles. Il imposa, par la force et l'injustice, sa nouvelle croyance à tout son peuple, et l'Angleterre qui, jusque-là, avait mérité le beau surnom de l'île des Saints, devint le foyer de l'erreur et de l'hérésie.... Croyez-vous, madame, avoir plus d'esprit que tous les chrétiens des siècles passés ? Et, lorsque je vous demande de revenir à la vérité et à la foi catholique, qui ont donné de si grands saints à votre patrie, trouvez-vous encore que je vous fais changer de religion ? Vous voyez bien, au contraire, que je veux vous faire revenir à la religion de vos pères. »

Cette dernière pensée me terrassa ! Comment se faisait-il que mon attention n'eût jamais été attirée sur ce fait historique, vérité foudroyante contre le protestantisme, et si convaincante en faveur de la foi catholique. Comment, les contemporains du divin Sauveur, ceux qui l'ont vu et entendu, ceux qui sont venus tout de suite après lui; puis, toute cette succession de chrétiens, depuis le premier siècle jusqu'au seizième, n'avaient qu'une croyance et c'était la croyance catholique ?

Nos ancêtres, nos aïeux, tous avaient cru à la présence réelle, à la confession ! tous étaient soumis au pape comme au vicaire de Jésus-Christ sur la terre, et pendant seize siècles tous les chrétiens se seraient trompés?

Un Luther, un Henri VIII ont osé dire : « Ne croyez plus, » à la parole de Jésus-Christ, au témoignage imposant de ces seize siècles où tous avaient dit : « Nous croyons.... »

Le coup était porté. L'éclatante lumière m'apparaissait. Les illusions, les mensonges du protestantisme tombaient devant une certitude terrible, mais que j'acceptai avec courage. C'en était fait; devant cette grande et sublime armée de seize siècles de chrétiens catholiques, la petite secte de protestants devait reculer, défaite et honteuse. La parole d'un Dieu avait gouverné le monde pendant seize siècles, et voici que la parole d'un homme (et quel homme!) vient donner un démenti à cette divine parole, et veut se faire concurrent de Jésus-Christ! Pouvais-je hésiter entre ces deux drapeaux? N'avais-je point hâte de me ranger à côté de la multitude des apôtres, des martyrs et des saints de seize siècles? En un instant, en un clin d'œil, devant une révélation subite, une vérité connue de toute la terre, excepté de la plupart des malheureux protestants, si indignement trompés par ceux qui, plus éclairés et chargés de les instruire, se garderaient bien de la leur dire, en un clin d'œil, dis-je, toute cette religion, à laquelle je tenais avec tant d'ardeur quelques minutes auparavant, s'écroulait à mes yeux ; et je ne voyais plus autour de moi qu'un monceau de ruines, où régnaient la mauvaise foi, le mensonge et l'orgueil. Une autre pensée poignante venait de saisir mon âme ! Mes enfants, surtout ma petite aînée, auxquelles j'avais inculqué ma foi avec tant d'ardeur et de conviction, que devais-je faire à leur égard ? Elles étaient à l'âge où l'on fait la première communion. Leur père, lié par des rapports de société avec M. le pasteur Coquerel lui avait déjà demandé d'entreprendre l'instruction religieuse de nos enfants. Pouvais-je connaître les dispositions intérieures de leurs âmes ? Devais-je leur parler de mes doutes, ou plutôt leur communiquer mes tristes certitudes sur la foi protestante ? Avais-je le droit d'aller troubler ces jeunes consciences et de chercher à démolir en elles l'édifice luthérien que moi-même j'avais élevé avec tant de soin ? Si j'allais les trouver opposées à mes vœux ?... ou encore si, en leur retirant cette foi acquise, je ne réussissais pas à leur en inculquer une autre ? De quel droit irais-je imposer à ces jeunes cœurs, mes impressions, mes incertitudes, mes désirs de changement ?...

Ces pensées me torturaient. Rien jusque-là n'avait transpiré pour donner à mes filles l'éveil sur ce changement merveilleux qui venait de s'opérer en moi ! Et moi qui leur avais parlé tant de fois du bonheur d'être née protestante, des vices et même de l'idolâtrie des catholiques, pouvais-je à présent leur dire : « Je veux que vous deveniez catholiques ; » et devais-je espérer qu'elles m'écouteraient ? Ah ! non je n'avais pas ce droit sur la conscience de ces chers enfants ! Dieu seul doit parler lorsqu'il s'agit du salut, et c'est ce qu'il fit.

Le dimanche suivant, je conduisis, comme à l'ordinaire, mes enfants à l'Oratoire, pour entendre prêcher M. Coquerel. Ma présence dans cette église me paraissait désormais une lâcheté ; entourée de mes anciens frères, que je voulais abandonner, il me semblait être au milieu d'eux comme une paria. Tout ce passé de mon enfance, de ma jeunesse, s'unissant aux doux souvenirs de la famille, se dressait devant moi, et prenait un langage pour me reprocher ma défection. Ah ! que je souffrais, me regardant là comme un faux frère, n'ayant plus droit de cité au milieu des amis de mon enfance. Combat terrible, lutte décisive, où Satan, prêt à perdre sa victime, employa les moyens les plus puissants, les souvenirs du cœur et du foyer paternel, pour vaincre l'âme qui allait lui échapper !

O ! vous tous, frères et sœurs infortunés qui passerez par ces angoisses, ne vous laissez point abattre. Ne cédez pas à ces suggestions perfides de l'ennemi de la vérité. Restez fermes, disposez votre cœur à faire généreusement le sacrifice. N'abusez

point de la lumière, ne rejetez pas la grâce qui vient
à vous, devant ces prétextes si légitimes en appa-
rence, si saints en réalité pour le cœur! Vous aurez
l'air en ce moment de tout quitter, de tout abandonner, de tout trahir. Ce sera la dernière illusion,
car tout vous sera rendu. Vous aurez tout retrouvé,
tout conservé avec la vérité, la lumière et la *paix*
de la conscience.

L'âme brisée par cette lutte terrible, mais cependant résolue de marcher en avant, je sortis épuisée
de ce temple avec mes chères petites.

La Providence nous fit passer devant Saint-Roch;
c'était l'heure des vêpres. La belle musique qui sortait des voûtes de cette église attira notre attention.
Par curiosité, et certainement aussi entraînée par
la main de Dieu, je gravis les marches et j'entrai
dans l'église. Quelle différence, après le froid et
morne service de l'Oratoire! Ici, aux accents de
l'orgue se mêlaient les voix de plusieurs milliers
de chrétiens! On chantait l'*Alleluia*. Tout le monde
chantait, les enfants, les vieillards, les jeunes
gens. Étonnée de ce spectacle, et frappée de l'air
d'allégresse et de bonheur qui se peignait sur toutes
ces figures, transportée par ces voix qui s'élevaient
avec tant d'ardeur et comme une seule voix vers
Dieu, je tombai à genoux. Mes petites filles en
firent autant. « Mon Dieu! m'écriai-je, ayez pitié
de la plus malheureuse des mères, éclairez-moi,

Seigneur; vous semblez m'indiquer la route que je dois prendre, mais puis-je y entrer sans mes chers enfants?. Comment savoir, mon Dieu, ce que je dois faire? Faut-il parler? Faut-il me taire? Vous, ô mon Dieu, qui lisez dans ces âmes, daignez me donner un témoignage extérieur de votre volonté sur elles. Faites-moi comprendre, au nom de Jésus-Christ, ce que vous voulez que je fasse! » Après cette prière, sortie du fond de mes entrailles et accompagnée de bien des larmes, je me relevai.

Dans ce moment suprême, l'aînée de mes enfants, celle qui me préoccupait le plus, le visage baigné de pleurs, se jette à mon cou en s'écriant : « Oh! maman, comme l'on prie bien mieux dans une église catholique que dans une église protestante! »

Dieu avait tout entendu, tout exaucé. Cette réponse divine, passant par les lèvres de ma chère enfant, me parut une voix du ciel. L'entraînant hors de l'église, sur le seuil même de ce sanctuaire béni, je la pris dans mes bras, et oubliant la foule qui m'entourait, je lui racontai en pleurant tout ce qui se passait dans mon cœur.

L'enfant pleurait aussi, et disait : « Quel bonheur, mère chérie, comment, il serait possible que tu désirasses devenir catholique? Si tu savais comme il y a longtemps que je voudrais prier la sainte

Vierge, et je n'osais pas, car tu me l'avais tant défendu ! »

Cette réponse, venue de Dieu, m'ôta toutes mes inquiétudes, et, transportée d'étonnement et de joie, je me rendis avec empressement auprès de M. N..., à qui je racontai cette merveilleuse histoire.

Cet homme admirable, attendri et touché de la grâce que Dieu m'avait faite, mit tout en œuvre pour m'encourager, et confirmer en moi le désir ardent que je ressentais de connaître la vérité.

Toutes ces lumières qui m'apparaissaient, et qui confondaient de plus en plus mes idées protestantes, achevèrent d'ébranler ma foi. Ma raison était vaincue, mon cœur ne l'était pas encore. A mesure que croulaient, une à une, les croyances de ma jeunesse, un vide immense se faisait dans mon âme. Moi, qui attachais tant de prix à la foi, je n'en avais plus ! Je ne savais de quel côté tourner mes espérances perdues ; car, il ne me suffisait pas d'être détrompée sur cette religion protestante, qui a la prétention d'être la véritable, d'apprendre à reconnaître les mensonges inconcevables qu'elle ose répéter contre les catholiques ; il fallait encore qu'une nouvelle foi entrât dans mon âme. Moment affreux, où l'on reconnaît, en frémissant, qu'on ne croit plus à rien, et où Dieu paraît se cacher complétement !

Après tout ce que j'avais souffert pendant ma

séance à l'Oratoire, il m'était pénible d'y retourner. Je commençais à prendre la douce habitude de confier à M. N.... les pensées qui s'élevaient en moi. J'allai donc lui ouvrir mon cœur et lui raconter mes impressions.

« Voyez, monsieur, comme je suis à plaindre ! Vous m'avez retiré ma foi, je n'en ai plus. Lorsque j'entre dans le temple protestant, je sens que je ne puis plus m'y asseoir. Ma place n'est plus là ! Mais où est-elle, hélas ! Tous les dimanches j'avais l'habitude de conduire mes enfants au service, pour entendre la parole de Dieu. Je ne puis pourtant pas laisser passer un dimanche sans accomplir un devoir qui m'a toujours été si cher. Je suis bien embarrassée, et ne sais quel parti prendre.

— Tenez, madame, me répondit M. N.... avec un sourire, choisissez notre paroisse comme un terrain neutre, vous y entendrez d'excellentes choses, cela vaudra toujours mieux que rien. »

J'acceptai simplement, et le dimanche suivant, nous nous rendîmes à Saint-Philippe, où prêchait un prédicateur célèbre.

J'entendis son discours empreint de simplicité et d'amour de Dieu. Il toucha une question que je ne pouvais comprendre. Il s'agissait des indulgences accordées par l'Église catholique, et qui sont un si grand sujet de scandale pour les protestants.

J'en demandai l'explication à M. N..., qui me répondit : « Le moment n'est pas encore venu de parler de ces choses.

« Quand on bâtit une maison, on ne commence point par les toits, par les portes ou les fenêtres, mais bien par les fondations ; ce n'est que lorsqu'elles ont été solidement établies, que l'on entreprend les autres parties dont elle doit se composer. Il en est de même de tout édifice spirituel. Il faut d'abord en poser les fondements ; ce n'est que lorsqu'ils ont été parfaitement assis qu'il convient de s'occuper des accessoires qui s'y rattachent, dont on ne peut connaître l'agencement (s'il m'est permis de m'exprimer ainsi) et avoir l'intelligence, qu'autant que la base sur laquelle repose l'édifice est achevée. Je me sers de cette comparaison, pour mieux vous faire concevoir pourquoi je ne vous donne pas immédiatement l'explication que vous demandez. Rassurez-vous, néanmoins, cette explication viendra en son temps : notre sainte et si admirable religion a réponse à tout. Occupons-nous d'abord de bien assurer le fondement de votre édifice spirituel.

« Plus tard, je reprendrai ce sujet, que vous comprendrez alors parfaitement. »

Il y avait tant de simplicité et de sincérité dans les paroles de M. N..., que je me contentai de sa réponse.

Je commençais à comprendre la droiture et la

noblesse de sa nature, et je m'appuyai, volontiers dans ce moment si difficile, sur ses assurances et ses promesses, empreintes de vérité, de justice, et d'une profonde conviction.

Cependant mon agitation, loin de s'apaiser, augmentait tous les jours. Mon cœur, brisé par les douleurs les plus intimes et les inquiétudes les plus navrantes, ne savait où se reposer. Tout lui échappait à la fois, même jusqu'à cette croyance, qui aurait dû être sa seule source de consolation, dans les malheurs de toute sorte qui le brisaient si cruellement. Car, hélas! elle aussi, m'abandonnait en s'écroulant à mes yeux, et il ne restait dans mon âme que l'incertitude et un vide affreux. Surprise, épouvantée, de me trouver ainsi sans foi, aucune parole ne pourrait rendre l'état déplorable de mon cœur. Que je souffrais, mon Dieu! que je me croyais à plaindre!... que je me doutais peu du secours divin, que vous alliez m'accorder.

Un jour, épuisée et malheureuse, je me jetai à genoux, et dans les larmes et le trouble je me prosternai en silence.

Tout à coup, un désir étrange et inconnu jusque-là s'éleva en moi : « Si je priais la sainte Vierge? » Mais, hélas! on m'avait dit que cette habitude des catholiques était un blasphème et une atteinte à la majesté de Dieu! Cependant, la tentation devenait

irrésistible, et voici l'étrange prière que m'arracha
mon désir au milieu de mon incertitude.

« O mon Dieu! on m'a appris, dès mon enfance, que c'était un outrage à votre gloire, que de
prier la sainte Vierge. Cependant, mon Dieu, ayez
pitié de votre créature! j'ai envie d'essayer pour la
première fois, d'appeler votre Mère à mon secours.
Vous savez que je ne désire pas vous offenser. Je
vous demande pardon d'avance du péché que je vais
commettre; mais permettez-moi, dans mon ignorance, d'essayer de cette prière à laquelle une voix
secrète m'attire; ayez pitié de moi, mon Dieu, et par-
donnez-moi mon blasphème! »

Alors quelles furent les paroles que je pronon-
çai?... je ne le sais. Mon âme s'éleva tout simplement
vers le ciel. Je restai suppliante et en larmes, et le
nom de Marie s'échappa de mes lèvres trem-
blantes!...

A peine ce nom béni avait-il été prononcé, qu'un
changement merveilleux s'opéra en moi. A cette
affreuse agitation, à ce chaos de pensées, à ces tem-
pêtes d'incertitude succédèrent un calme délicieux,
une consolation toute divine. Je me retirai changée,
convaincue, calme, presque déjà heureuse! Comme
je l'ai bien senti en ce moment, loin d'avoir offensé le sauveur Jésus par cet appel à sa Mère, il
m'en récompensa sur-le-champ en m'envoyant par
ses mains un baume divin pour calmer les tour-

ments de mon cœur, près de se briser. Les rois de la terre n'accueillent-ils pas plus volontiers les pétitions présentées par leurs amis, et surtout par leur propre mère?... Ce Roi du ciel pouvait-il se blesser de ce que mon respect, ma confiance pour lui, rejaillissant sur sa Mère, m'eussent inspiré la pensée de lui demander, à elle, d'offrir ma prière et de prier pour moi?

O! vous qui n'avez jamais encore osé vous adresser à ce refuge des pécheurs, à cette Mère du ciel, qui vous aime tant et dont le protestantisme prive les pauvres enfants de la terre, au nom de la divine consolatrice qui en ce moment pénétra jusqu'au fond de mon âme, essayez, essayez, comme je l'ai fait moi-même, et Marie vous bénira et vous aidera !

Le lendemain, je n'eus rien de plus pressé que d'aller raconter à celui qui devenait de jour en jour davantage mon meilleur ami, ce qui m'était arrivé.

Il m'écouta avec bonheur. Lorsque j'eus terminé mon récit : « Eh bien! dit-il, confidence pour confidence. Voici longtemps que je désire vous faire un cadeau, et je crois que le moment est venu pour mettre mon projet à exécution. Je veux vous faire présent d'un bijou auquel, nous autres catholiques, nous attachons beaucoup de prix. J'ai attendu jusqu'à cette heure, ajouta-t-il en souriant, vous savez que Notre-Seigneur dit : Qu'il ne faut pas jeter ses perles à certains animaux. Venez dimanche, et je vous décorerai avec vos enfants. »

Effectivement, le dimanche suivant nous allâmes toutes trois chez M. N..., qui nous passa au cou la médaille miraculeuse de la sainte Vierge, que ce saint homme avait préparée d'avance, en attendant le moment favorable pour nous les remettre.

La conduite de M. N..., je dois le dire, jointe à la grâce de Dieu, qui commençait à descendre dans mon âme, contribuait puissamment à m'édifier. Je n'avais jamais rencontré tant de zèle désintéressé, tant de droiture, tant de simplicité, tant de dévouement! S'oubliant complétement lui-même, il paraissait s'identifier tellement à mes douleurs de cœur et de position (qui dans ce moment étaient à leur comble), qu'il les partageait avec moi!

La douceur, la patience, la charité avec lesquelles il essuyait mes larmes, devaient naturellement prendre leur source dans son amour pour Dieu qui s'épanchait avec tant d'abondance sur les malheureux.

Je me souviens d'un jour, entre autres, où il ne pouvait se décider à me quitter, tant ma douleur était en ce moment amère!...

Son éloquence pour me consoler, pour m'engager à espérer en Dieu, prenait un caractère divin. Ses encouragements, ses soins, empreints de tant de respect et de dévouement, portaient le calme et la résignation dans mon âme.

Pour la première fois de ma vie, je voyais un véritable catholique, ne cherchant que la gloire de Dieu, et brûlant de charité jusqu'à s'oublier complétement lui-même pour ses frères. Comme je l'étudiais avec étonnement et vénération! Il me semblait tellement supérieur au reste des hommes par la grandeur de sa foi et par la simplicité de son dévouement, que je ne pouvais m'empêcher de m'écrier : « La religion qui inspire de tels sentiments, qui fait faire de telles actions, doit être bien sublime! Et si un homme aussi intelligent, aussi distingué, aussi instruit en devient l'apôtre ardent, c'est qu'elle est la seule véritable!... »

Cependant la victoire n'était pas encore complète. Sortie déjà, il est vrai, de cœur et d'esprit de la religion protestante, il me restait encore à m'éclairer sur cette nouvelle foi où Dieu semblait m'appeler.

L'erreur avait été clairement prouvée, mais il y avait encore dans mon âme, si tapissée de ténèbres, des hésitations et des préjugés. J'avais le désir de m'éclairer davantage avant de prendre un parti décisif. Plus mon cœur m'entraînait vers cette belle et nouvelle voie, plus je sentais que je devais, par respect pour mon ancienne croyance, par considération pour les liens du sang (car toute ma famille était protestante), ne rien précipiter. Je résolus d'étudier, de prier et de lire sérieusement, afin de pouvoir justifier ma propre conscience devant l'acte solennel que je préméditais déjà.

C'était au commencement d'avril, nous partions pour la campagne, aux environs de Paris.

Au moment du départ, j'allai faire mes adieux à M. N.... « Voici, me dit-il, une petite bibliothèque que je vous ai préparée. Prenez avec vous ces livres, et dans la solitude et le calme de la campagne lisez et priez. Que Dieu soit avec vous et qu'il vous éclaire. Rappelez-vous que vous avez un ami, dont le plus ardent désir est de vous procurer du soulagement et de la paix. Il voudrait vous associer aux consolations et à la force que lui procure sa propre foi, et vous donner une pharmacie spirituelle pour toutes les plaies de votre cœur. Sachez bien qu'il n'a en vue que votre salut et votre bonheur.

« Au premier appel n'en doutez pas, il sera là, attentif, prêt à accourir et à vous assister. » Ces nouveaux témoignages de sollicitude me touchèrent profondément. Je partis avec mes livres, résolue de m'appliquer sans interruption à cette grande et unique chose nécessaire, celle du salut, qui ne peut se trouver que dans la vérité.

Dès mon arrivée à B..., toutes mes pensées se portèrent vers ce grand sujet. Je me défiais de moi-même, je connaissais ma faiblesse et mon orgueil,

et je cherchais un moyen pour me défendre contre
mes propres impressions, et bien connaître la volonté de Dieu.

Avant donc de me plonger dans mes livres, je me
jetai à genoux en présence de ce Dieu, qui lit jusqu'au
fond des cœurs : Ah ! mon Dieu, m'écriai-je, vous
qui avez pitié des plus grands pécheurs, en voici un
bien malheureux à vos pieds ; vous le voyez, mon
Dieu, je n'ai plus de foi. Je ne sais plus rien. Je ne
crois plus à rien ; ou plutôt je ne sais plus ce que je
dois croire. Aidez-moi, Seigneur, et laissez-moi espérer que vous voudrez bien m'exaucer. Je sais que je
ne mérite pas la grâce que je vous demande ; cependant je n'ai que ce seul moyen d'écarter les illusions pour reconnaître votre volonté. Je vous pro-
mets solennellement, au nom de ce salut que je
cherche, de regarder toute impression, toute pensée,
tout désir qui se présenteront les premiers dans
mon cœur comme des voix venant de vous. Je jure
de les suivre, de les écouter, de leur obéir avec
promptitude, sans réserve, sans réflexion, quelles
que puissent être les impressions nouvelles qui se
présenteront ensuite à mon esprit. Seigneur, on m'a
toujours appris que vous ne pouviez tromper l'âme
qui se confie en vous. J'espère donc que vous ac-
cepterez ce pacte ; la première pensée sera la vôtre,
je lui obéirai à l'instant ; la seconde sera la mienne,
je ne l'écouterai jamais ! »

3

Malgré l'agitation où se trouvait mon esprit en ce moment, je me relevai calme, décidée, rassurée même. Il me semblait, après l'espèce de convention que j'avais faite avec Dieu, que je n'avais plus rien à craindre. Je sentais intérieurement qu'il avait accepté mes conditions.

Non, je ne pourrais décrire par des paroles la fièvre d'apprendre qui se saisit de moi. J'en avais perdu l'envie de boire et de manger. Le sommeil avait fui de mes yeux.

Je passais de longues nuits dans les lectures, les combats et la prière. Je cherchais, avec un certain sentiment de respect et cependant de crainte, à découvrir cette impression intérieure qui devait être la voix de Dieu à laquelle j'avais promis d'obéir. Cette nouvelle voie dans laquelle j'étais entrée absorbait toutes mes pensées et prenait tous mes instants.

A mesure que j'avançais dans ce vaste champ de la vérité, l'horizon, qui s'éclaircissait de plus en plus, m'apparaissait aussi toujours s'agrandissant. Une nouvelle vie, avec une nouvelle foi, se présentait déjà à mon âme, haletante de doute et altérée par la soif de la vérité.

Un livre m'intéressait infiniment ; la clarté et le ton de vérité de cet ouvrage me captivaient. C'était la *Doctrine chrétienne* de Lhomond. Toute la religion, tout le dogme catholique, sont résumés dans cet admirable écrit.

Après en avoir dévoré la première partie, je passai
à l'explication des sacrements et des preuves de
leur origine divine, fondée sur la parole même de
Jésus-Christ. Tout y était clair, net, convaincant. Je
m'étonnais seulement, en lisant, qu'aucun chrétien
pût faire difficulté de croire à des choses aussi divines et aussi positivement ordonnées par le Sauveur. Ses paroles se trouvaient toujours à côté de
chaque institution, et concordaient merveilleuse-
ment avec la doctrine de l'Église catholique. Ainsi
fut-il du sacrement de baptême et des autres. Lorsque j'arrivai à l'explication du sacrement de pénitence, autrement dit la confession, dont tout catholique doit s'approcher avant d'aller à la sainte
table, ma curiosité s'accrut avec mon intérêt. C'é-
tait la nuit, mes enfants et toutes les personnes de
ma maison dormaient ; les heures s'écoulaient et je
tenais toujours le livre. Je lisais et relisais les mêmes pensées....

J'arrivai à ces mots : « Ce sacrement a été institué par Notre-Seigneur Jésus-Christ lorsqu'après
sa résurrection il souffla sur ses apôtres et qu'il
leur dit : « Recevez le Saint-Esprit, les péchés se-
« ront remis à ceux à qui vous les remettrez, et ils
« seront retenus à ceux à qui vous les retiendrez. »
Par ces paroles il les a établis juges des péchés, et
il leur a donné, à eux et à leurs successeurs, le pouvoir de les remettre et de les retenir, en promettant

de ratifier dans le ciel les jugements qu'ils pro-
nonceraient sur la terre. » Puisque moi, protestante,
je croyais que le droit donné par le Sauveur à
ses apôtres de conférer le sacrement du baptême
existait pour leurs successeurs jusqu'à la fin du
monde, pourquoi ne croirais-je pas aussi que les
paroles sorties de la même bouche divine, qui leur
donnait le droit d'absoudre les péchés, eussent
la même efficacité jusqu'à la fin des temps?...
« Notre-Seigneur en avait fait la promesse pendant sa vie, lorsqu'il avait dit à saint Pierre : Je
vous donnerai les clefs du royaume des cieux ; tout
ce que vous lierez sur la terre sera lié dans le ciel, et
tout ce que vous délierez sur la terre sera délié dans
le ciel. La pénitence est donc un sacrement qui re-
met les péchés : Quels péchés? Tous les péchés ac-
tuels sans exception. Il n'y a point de crime si
énorme qu'il ne puisse effacer, non-seulement une
fois, mais toutes les fois qu'on y a recours avec les
dispositions nécessaires.

« Que personne ne dise : Je fais pénitence en mon
particulier ; je fais pénitence devant Dieu ; cela ne
suffit pas, dit Saint-Augustin : il faut recourir aux
sacrements ; serait-ce donc en vain que Jésus-Christ
aurait dit aux Apôtres et à leurs successeurs: Les péchés que vous remettrez seront remis ? Serait-ce en
vain que les clefs auraient été données à l'Église? Non,
comme les péchés commis avant le baptême ne peu-

vent être remis que par ce premier sacrement, de même les péchés commis après le baptême ne peuvent être remis que par le sacrement de pénitence.

« Il y a trois conditions nécessaires pour obtenir l'absolution de ses péchés : il faut que le pécheur les haïsse et les déteste par la *contrition ;* qu'il les déclare au prêtre par la *confession,* et qu'il répare, autant qu'il est en lui, par la *satisfaction,* l'injure qu'il a faite à Dieu et au prochain.

« La *contrition,* première et indispensable condition, est une douleur et une détestation du péché que l'on a commis avec une ferme résolution de n'en plus commettre à l'avenir.

« Cette première disposition est si nécessaire que sans elle aucun péché, même véniel, ne peut jamais être remis. Une maladie, qui ôte l'usage de la parole, dispense de la confession : une mort prompte exempte de la satisfaction, au moins dans cette vie ; mais rien ne peut nous dispenser de la contrition.

« Il n'y a, dit le prophète, qu'une âme pénétrée de douleur et de tristesse, à cause de la grandeur du mal qu'elle a fait, qui rende gloire à la justice du Seigneur. A qui Dieu promet-il, dans l'Écriture, le pardon de leurs péchés ? Seulement à ceux qui se convertissent à lui de tout leur cœur, dans les pleurs et dans les cris d'une douleur amère et profonde, à ceux qui déchirent leur cœur et non pas leurs vêtements. A qui lisons-nous que Dieu a accordé en

effet ce pardon ? A ceux-là seuls qui ont pleuré
sincèrement leurs crimes. » Cette explication était
accompagnée de la prière suivante :

« J'irai, ô mon Dieu, j'irai me jeter aux pieds de
votre ministre : vous lui avez donné le pouvoir de
me guérir ; mais, pour faire usage de ce pouvoir, il
faut qu'il connaisse les plaies de mon âme : je les
lui découvrirai, je confesserai mes iniquités ; soyez
dans ma bouche et dans mon cœur pour que cette
confession ait toutes les qualités qu'elle doit avoir,
pour que je m'accuse de toutes mes fautes sans aucun détour, que je ne cherche point à en diminuer
l'énormité, que je ne les raconte pas avec une in-
différence et une insensibilité criminelles ; mais que
je les accuse en esprit de pénitence dans l'amer-
tume de mon cœur. J'irai, ô mon Dieu, oui, j'irai
me jeter aux pieds de votre ministre. »

Pendant cette lecture mes yeux se dessillaient,
mon intelligence s'ouvrait, mon cœur se dilatait, la
conviction pénétrait dans mon âme.

Notre-Seigneur avait institué, et je ne pouvais
plus en douter, ce moyen admirable de se récon-
cilier avec lui, de s'assurer de son pardon, de re-
couvrer la pureté de son âme, et je n'en profiterais
pas ?

Les derniers mots de cette prière : « J'irai, ô mon
Dieu, j'irai me jeter aux pieds de votre ministre, »
me frappaient vivement ; il me semblait que c'était

moi qui les prononçais, que cette promesse sortait de mon cœur, en même temps que de mes lèvres ! Il était trois heures du matin ; je me précipitai à genoux et je m'écriai : « Seigneur, je vous l'ai promis, je ne manquerai pas ma promesse, c'est vous qui parlez, je vous obéis ! »

Je jette vite un manteau sur mes épaules ; je saisis la plume ; je traçai quelques lignes à la hâte à M. N.... Je lui déclarais que je voulais, sans retard, me jeter aux pieds d'un prêtre catholique. Je m'élançai dehors : c'était, comme je l'ai déjà dit, à la campagne ; il faisait froid, il pleuvait ; la poste se trouvait à une demi-lieue de là ; je franchis les champs, la route déserte et obscurcie par les ténèbres de la nuit. Je cours hors d'haleine jusqu'au village voisin ; je jette dans la boîte cette lettre qui m'enchaîne pour toujours, et je reviens à pas précipités jusqu'à ma demeure, où tout reposait encore. Il pouvait être quatre heures et demie.... Alors seulement, me jetant sur un fauteuil, couverte de sueur et frémissante d'émotion, je m'arrêtai pour envisager le pas décisif que je venais de faire.

La première réflexion porta l'épouvante dans mon esprit.... C'en était donc fait !... J'avais, comme César, franchi le Rubicon, ce torrent de l'incertitude, de la crainte, du respect humain, j'avais tout laissé derrière moi. En un instant, j'avais, pour ainsi dire, rétracté toute ma vie passée ; je m'étais librement enchaînée sous ce joug inconnu et mystérieux qui m'effrayait et m'attirait tout à la fois ! Mais, comment avais-je eu tant d'audace et de témérité ? Une seule voix s'élevait en moi, et cette voix rassurante me consolait : « Tu l'avais promis au Seigneur, tu as été fidèle à ta promesse. Courage, ne crains rien. Je viendrai à ton secours. »

Cette réponse, envoyée par Dieu, calma mon agitation. Je ressentais un calme, une force, que je n'avais jamais éprouvée. Il me semblait que je venais d'échapper à un grand danger, et que désormais tout allait devenir repos et sécurité.

J'attendis avec impatience la réponse à ma lettre. Elle avait dû parvenir à Paris sur les neuf heures ; je pouvais espérer la recevoir dans la soirée.

Vers midi M. N.... arrivait chez moi !... Dès le reçu de ma lettre, empreinte sans doute d'angoisses et d'agitation, il avait tout laissé de côté ; dédaignant les moyens ordinaires de correspondance, trop lents pour ses désirs, il accourait comme il me l'avait promis. Cet homme, digne catholique, véritable apôtre de Jésus-Christ, uniquement occupé du salut des âmes, de la consolation des affligés, ne comprenait pas à moitié le ministère que ses exemples, ses exhortations, ses vertus, lui donnaient le droit d'exercer. En ce moment, malgré toute l'envie si naturelle qu'il devait avoir de gagner une âme à Jésus-Christ, il possédait assez d'empire sur lui-même, et trop le sentiment de la valeur et de la dignité de cette foi, qui lui était si chère, pour hâter mes dispositions et mes désirs. Loin de profiter de l'état où se trouvait mon esprit en ce moment, il voulut bien s'assurer que l'imagination n'était pour rien dans une affaire de cette importance. Il attachait trop de prix à sa religion pour la jeter en avant sans être convaincu du véritable besoin de mon cœur, et des dispositions réelles de mon âme. Aussi il objecta, calma, refoula même l'impétuosité de mes désirs, et, en médecin habile, il sonda les plaies de cette âme malade, qu'il voulait conquérir pour son divin Maître.

Enfin, cédant à la droiture de mes intentions, et ayant attentivement écouté le récit qui précède, il sortit de sa poche un petit volume.

C'était le catéchisme. Il m'indiqua ce que je devais lire et apprendre, me promettant de s'occuper promptement de me mettre en rapport avec un ecclésiastique éclairé et vénérable.

Ce jour fut celui où je commençai mon instruction religieuse, le 23 avril 1850. Bien peu de jours après, M. N.... m'écrivait :

« Madame, ou plutôt ma bonne sœur, j'aime mieux vous donner ce titre, et vous aussi, n'est-ce

pas, vous aimez mieux que je vous le donne ? il ne
suffit pas au cœur de sentir ; ce qu'il lui faut encore, c'est que l'expression se rapproche, autant que
possible, de ce qu'il ressent. Combien il y a d'affection dans ces mots : ma bonne sœur. Ah ! c'est que
l'union des âmes est bien aussi une parenté, parenté d'autant plus douce, d'autant plus solide, que
Dieu en est le principe et la fin. Elle a en outre le
magnifique et délicieux privilége de survivre au tombeau. Attachée à cette merveilleuse partie de nous-
même qui ne meurt pas, elle l'accompagne au
ciel, où elle ne fait d'ailleurs que remonter à sa
source. Quelle différence entre cette parenté et celle
toute terrestre, qu'il faut si peu de chose pour
briser! Mon intention était bien de vous écrire aujourd'hui, alors même que vous ne m'auriez pas
adressé votre lettre du 24, que je viens de recevoir.

« Depuis que je vous ai quittée, je me suis occupé
de vous, de *notre* grande affaire. Ce n'est pas sans
intention que je dis *notre*. Vous savez le vif intérêt
que j'y porte : votre bonheur ne serait-il pas le
mien ? Il me tarde de vous voir associée aux seules
véritables consolations qu'il soit possible de goûter
en ce monde. Comme vous le dites fort bien, vous
ne pouviez trouver que le vide et le dégoût, tant que
vous ne marchiez pas dans le seul chemin qui con-
duit à Dieu.

« J'ai vu le directeur que je vous destine, ou plutôt celui que notre Sauveur, si bon, si compatissant,
m'a inspiré de vous choisir. J'ai été aussi charmé
que touché de mon entretien avec lui ; c'est un
excellent prêtre, que vous pouvez considérer déjà
comme un père, par les dispositions si bienveillan-
tes qu'il m'a témoignées pour vous. Je voudrais
bien qu'il vous fût possible d'être chez moi samedi ;
à une heure, nous irions voir ensemble ce respectable ecclésiastique, à qui cette heure convient. Je
vous laisserai conférer avec lui, et quand cette con-
férence sera terminée, je reviendrai vous prendre.
Ne vous troublez pas, ma bonne sœur, de cet entretien. Recueillez-vous un peu seulement, mais
avec simplicité, et sans aucune contrainte ; pensez
que c'est un père que vous allez trouver ; et qu'est-ce
qu'il y a de plus doux pour un père, que de recevoir son enfant?... »

. . . . . . . . . . . . . . . .

La lecture de cette lettre me remplit l'âme de douceur et d'espérance. Au jour indiqué je me rendis
à Paris, chez M. N.... Avec un soin tout paternel, il
m'accompagna chez M. l'abbé M.... Je n'oublierai
jamais ce que je ressentis en entrant dans la sacris-
tie de l'église, lorsque, pour la première fois, je me
trouvai en présence de ce respectable prêtre catholique, dont l'extérieur imposant et le front majes-
tueux, couronné de cheveux blancs, inspiraient,

avant de le connaître, la confiance et la vénération.

M. N.... nous quitta, et je restai seule avec
M. l'abbé M.... Il me fit entrer dans un petit cabinet, où je m'assis devant un pupitre, sur lequel je
m'accoudai. Il me fit plusieurs questions sur ma foi,
sur mes désirs ; de plus en plus pénétrée de respect,
je retirai mon coude du pupitre sur lequel je m'ap-
puyais. « Restez, mon enfant, vous êtes plus à l'aise
comme cela, » me dit-il avec douceur et bonté. Sa
voix pénétra dans mon cœur. Tout frappe, tout fait
impression dans certains moments solennels de la
vie. Aussi, quelque insignifiant que puisse paraître
ce détail, cette attention qui exprimait la charité
et la miséricorde de son âme, attira une larme dans
mes yeux. J'osai, pour la première fois, les lever et
le regarder. « Enfin, continua-t-il, ma pauvre enfant, que désirez-vous, que voulez-vous ?

— Ah ! monsieur, m'écriai-je en versant un torrent de larmes, je ne veux qu'une chose, connaître
et faire la volonté de Dieu, et le servir fidèlement !

— Cela suffit, mon enfant, reprit-il avec un sourire de bonté, venez, je vais vous montrer le chemin pour y arriver. »

Alors, entrant dans l'église, il m'indiqua le confessionnal où je devais me placer ; il m'expliqua
que dans ce tribunal, où je devais m'agenouiller, sa
voix allait me parvenir et bientôt me consoler et

m'instruire. Jamais je n'oublierai ce moment, où, pour la première fois, je songeai à faire un retour sur toute ma vie passée. Je ne savais que dire ; plein de bonté, il me rassura et me pria de répondre à ses questions.

Admirable mystère ! en quelques minutes j'avais tout dit. Il m'avait fait passer en revue, avec une tendre bonté, toutes les années de ma vie jusqu'à ce jour.

Il commença ainsi : « Vous rappelez-vous d'avoir été un petit enfant? Vous avez eu une bonne mère, un père, des sœurs.... » Ensuite, il me posa toutes les questions nécessaires, et lorsqu'il me donna sa bénédiction en disant : « Allez en paix ! » ah! oui, la paix était alors entrée dans mon âme! Une paix inconnue, divine, ravissante, qui calma toutes les agitations de mon cœur! Je me relevai heureuse, consolée, transfigurée! Il me semblait, en réalité, que le poids de ces fautes passées ne pesait plus sur ma conscience, et je respirais avec la douce confiance d'avoir rempli un pénible, mais un bien grand devoir.

En sortant du tribunal, je m'écriai : « Comment, voilà donc cette confession, la crainte et le scandale de tant d'âmes? Mon Dieu, que c'est bon, que c'est doux, de s'humilier devant vous ! que je suis heureuse! » Je me retournai et je vis, à genoux, m'attendant et priant pour moi comme un

ange gardien, dans un coin retiré de l'église, cet
admirable ami, M. N..., qui n'avait compté ni les
minutes ni les heures, et qui avait veillé et prié
pendant ce temps, comme une tendre mère veille et
prie pour son enfant! Sublime charité de la foi catholique, que tu m'as attendri le cœur, que tu m'as
ravi l'âme!...

Depuis ce jour jusqu'à celui de mon abjuration,
ce fidèle ami ne me quitta plus. Toujours à mes côtés, aplanissant toutes les difficultés, soulevant tous
les obstacles, sa tendresse paternelle me couvrait
d'un regard et d'une sollicitude continuels.... Si j'allais à l'église, il était auprès de moi ; si je repartais
pour la campagne, il ne me quittait que lorsqu'il
m'avait placée dans la voiture qui devait m'entraî-
ner. J'étais déjà loin et seule, que ses discours en-
courageants, ses pieux et saints conseils retentis-
saient encore dans mon cœur.

A la campagne, à chaque nouvelle épreuve, à
chaque difficulté, une lettre m'apportait des paroles
de sympathie, et l'on aurait dit que toute sa vie ne
dépendait plus que de ce qu'il se plaisait à appeler
notre grande affaire, c'est-à-dire, du moment heureux, qui devait me faire compter parmi les enfants
privilégiés de la vraie et sainte foi catholique. Il
avait adopté pour devise : *In hoc signo vinces*, et
il plaçait sur son cachet, comme il le portait si bien
dans son cœur, le signe de la croix. En recevant ses

pages empreintes de tant de foi et d'une si grande
charité, il m'arrivait presque toujours de tomber
à genoux; puis, collant mes lèvres sur ce signe de
salut (qui fermait son épître), de rester pleurant,
priant, et remerciant Dieu du saint ami qu'il m'avait
envoyé.

Mon instruction religieuse marchait rapidement.
Le catéchisme catholique, la *Doctrine chrétienne* de
Lhomond, joints aux visites fréquentes que je faisais
à M. l'abbé M..., m'éclairaient de plus en plus. La
grâce de Dieu, qui semblait s'accroître tous les jours
et venir par son abondance me récompenser de ma
fidélité, inondait mon âme.

J'étais un être nouveau, transformé. Laissant derrière moi toute préoccupation étrangère, tout sentiment de respect humain, rien ne m'arrêtait plus.
Il me semblait que j'aurais pu en ce moment marcher sur des charbons ardents, aller même au-devant
de la mort, plutôt que de m'écarter un instant de
cette course rapide et entraînante, dont le but devait être la vérité et la lumière !...

Je me souviens que, pour prendre le chemin
ferré, qui devait me transporter deux fois la semaine, à Paris, auprès du digne prêtre devenu
mon père, il fallait franchir une avenue d'une
demi-lieue, impraticable par les temps pluvieux
du mois d'avril.

Ceux qui m'avaient connue jusque-là auraient

été bien étonnés de voir en ce moment la jeune
femme du monde, dont la tenue recherchée annonçait assez la préoccupation pour sa toilette et
pour sa personne, franchissant à grands pas, par
des pluies battantes, cette route embourbée. Il aurait fallu parcourir une route bien plus longue encore, que je l'eusse fait, plutôt que de manquer à
une seule de ces conférences avec mon bon père,
qui nourrissait mon âme affamée de vérité et de
bonheur.

Le temps s'écoulait ainsi ; j'apprenais à comprendre et à aimer tous les jours davantage cette belle
et sublime doctrine, ce dogme catholique, où la
parole de Jésus-Christ ne cesse point de reten-
tir. Il me semblait me rapprocher de plus en plus
du divin Sauveur, et entendre toujours plus distinc-
tement sa voix qui m'appelait à lui, dans sa sainte
Église. Un jour j'étais auprès de mon père, qui
m'instruisait avec indulgence et bonté ; il m'expliquait le sacrement du mariage.

« Le mariage, dit le dogme catholique, a été
institué dès le commencement du monde, lorsque
Dieu donna à l'homme pour compagne la femme
qu'il avait formée d'une de ses côtes, et que par une
bénédiction particulière, il leur accorda la fécon-
dité. Pour rendre cette première institution plus
sainte encore, Jésus-Christ l'a élevée à la dignité
de sacrement, y attachant une grâce spéciale afin

d'affermir cette union indissoluble et de sanctifier ceux qui la contractent. Le mariage, dans la loi évangélique, étant plus excellent que les mariages anciens, à cause de la grâce qu'il confère par Jésus-Christ, c'est avec raison que les saints Pères, et la tradition universelle de l'Église, ont de tout temps enseigné qu'il doit être mis au nombre des sacrements de la loi nouvelle. Le mariage est donc un sacrement qui donne la grâce pour sanctifier la société intime de l'homme et de la femme. C'est une vérité certaine, que ceux qui se marient après avoir consulté Dieu, et avec des vues chrétiennes, reçoivent, par la vertu de ce sacrement, des grâces pour se sanctifier en remplissant fidèlement les obligations de leur état.

« Il y a plusieurs dispositions nécessaires pour recevoir le sacrement de mariage : premièrement, il faut le recevoir avec une conscience purifiée de tout péché mortel, parce que le mariage est un sacrement des vivants, qui suppose la vie spirituelle de la grâce en ceux qui le reçoivent. L'Église exhorte même les personnes qui veulent entrer dans cet état, à s'approcher de la sainte communion pour attirer sur eux les bénédictions du ciel. Secondement, il faut le recevoir avec l'intention de faire la volonté de Dieu et de le servir dans cet état. C'est un principe que nous devons nous proposer, de plaire à Dieu dans toutes nos actions, même les plus

communes ; combien plus devons-nous avoir cette
intention dans un engagement qui dure toute la
vie ! »

Je me rappelai, tout à coup, en écoutant et en
étudiant cette explication, des circonstances parti-
culières qui avaient accompagné mon mariage. Je
me souvins que, ne pouvant obtenir de mon père
le consentement et la promesse de faire élever nos
enfants dans la religion catholique (condition exigée
par l'Église lorsqu'un de ses membres contracte
alliance avec des personnes d'une foi différente),
mon mari avait consenti à sacrifier à des sentiments
humains le bonheur de faire consacrer notre union
dans sa propre religion. Nous fûmes mariés à la
mairie, puis à l'ambassade d'Angleterre par un
évêque protestant. Mon mariage donc, valide pour
une protestante, ne l'était plus dès que je me ferais
catholique, n'ayant point été consacré par l'Église
qui allait devenir ma mère.

Que faire?... M. l'abbé M.... fut tellement ému de
cette révélation, qu'il n'osa pas me communiquer ses
sentiments. Plein d'une sollicitude paternelle, il
craignait, en me disant la vérité, de me faire trop
de peine. En effet, mon mariage, n'étant pas re-
connu par l'Église catholique, je ne pouvais entrer
dans cette Église, tant que je ne remplissais pas les
obligations qu'elle m'impose. Avoir été si avant,
avoir tout fait et désiré avec une soif ardente l'heu-

reux moment où je pourrais aller me désaltérer à l'unique et véritable source qui rejaillit jusqu'à la vie éternelle, comprendre, apprécier si profondément le prix de ce bonheur ; et tout à coup être arrêtée par un obstacle, indépendant, il est vrai, de ma propre volonté, mais cependant qui paraissait invincible!... Quelle cruelle déception ! Ce bon et digne prêtre n'eut pas le courage de me porter un pareil coup. Il me dit simplement : « Mon enfant, envoyez-moi M. N.... »

Lorsque ces deux saints hommes eurent conféré ensemble, M. N.... me parla ainsi :

« Ma bonne sœur, je crois votre âme forte, courageuse. Voici une grande épreuve que Jésus vous envoie. Je vous fais l'honneur de vous croire déjà digne de la supporter avec confiance et résignation. Il faut que vous sachiez la vérité. »

Lorsque j'eus tout compris, ma douleur fut extrême ; mais je ne perdis pas l'espérance, elle était trop nécessaire à mon cœur !

« Il s'agit, dit M. N..., de parler à votre mari. »
Grand Dieu! quelle pensée téméraire....

« C'est moi qui m'en charge, » ajouta-t-il avec la droiture et l'énergie qui faisaient les principaux traits de son caractère.

« J'irai jeudi prochain à B...; votre mari est libre, il reste à la campagne. C'est le jour de l'Ascension ; je sacrifierai mes offices de l'après-midi ; mais si je quitte Dieu à l'église, je le retrouverai en travaillant pour ses enfants. »

Effectivement, le jeudi suivant, sur les midi et demi, arriva à B.... mon saint ami. Dans la simplicité de son dévouement, qu'allait-il entreprendre? D'abord annoncer à mon mari le merveilleux changement de mon âme et la transformation de ma foi!

Mon mari ne soupçonnait rien; il allait apprendre que celle qui paraissait si sûre de sa croyance protestante, si remplie de dédain pour la religion catholique, si railleuse, si orgueilleuse dans son assurance aux premiers jours d'explication avec M. N..., que sa femme, enfin, voulait abjurer et devenir catholique! puis, chose impossible, il fallait encore lui parler d'un nouveau mariage. Quelle question délicate à traiter!... M. N.... était entré seul et conférait depuis plus d'une heure avec mon mari dans son cabinet, tandis que, dans la chambre voisine, j'étais à genoux, mes deux petites filles à mes côtés, pleurant et priant du plus profond de mon âme. De l'issue de cette entrevue tout mon sort allait dépendre!... Mais Dieu, qui tient toute volonté dans sa main puissante, ne pouvait permettre que le cœur, d'ailleurs excellent de mon mari, restât inébranlable.

Après une attente mortelle ces messieurs sortirent ensemble du cabinet. O surprise! ô bonheur! ô miracle de Jésus sur les âmes!...

Mon mari s'avance vers moi, le sourire sur les lèvres, il me prend les mains avec effusion :

« Eh bien ! tu veux donc te faire catholique ? mais je t'en félicite. Il est toujours plus agréable que tous les membres d'une même famille soient de la même religion.

« J'avais promis à ton père de ne jamais te parler à ce sujet ; mais, de toi-même, tu désires changer ? J'en suis bien aise !... »

Puis se tournant vers M. N... : « Mon ami, vous arrangerez tout cela comme vous l'entendrez ; seulement, que tout se passe entre nous et à huis clos. » Alors, cet admirable ami se pencha vers moi et me dit tout bas : « Courage, il consent à tout ! »

Quelle parole ! quelle joie, cher et saint ami ! Jésus vous avait donné dans ce moment une éloquence persuasive devant laquelle le cœur généreux de mon mari devait plier !

Soyez béni de ce nouveau bienfait qui va décider du bonheur de toute une famille !

Après cette importante visite à mon mari, tout marcha à ravir. Lui-même paraissait heureux de ma détermination, et je pus sans contrainte me livrer à mon bonheur.

Le mois de mai commençait. M. N.... m'apprit les touchantes et pieuses habitudes des catholiques pendant ce mois. Chaque jour est consacré à la sainte Vierge par des chants, des prières et des

instructions religieuses qui raniment la foi et la
ferveur dans les âmes. Il me prêta un livre qui
m'expliqua ce culte de vénération et d'amour rendu
à la Vierge bénie. Certes je lui devais trop de reconnaissance de la promptitude avec laquelle elle
était venue à mon secours dès mon premier appel,
pour ne pas être heureuse de la lui montrer en
apprenant à chanter ses louanges et à honorer ses
vertus.

Je me reporte avec émotion, ô mon Dieu, mon
unique espérance à ces doux moments passés auprès de votre Mère!...

Près de la maison où nous habitions, et ayant la
jouissance de la même propriété, se trouvait une
famille riche, élevée, et qui réunissait ce que la
société a de plus brillant et de plus distingué tant
par la position que par le talent. Nous étions très-
liés avec elle, et nous partagions ensemble toutes
les fêtes et les distractions que procurent à la campagne l'éclat de la position, le luxe et le goût du
plaisir.

Tous les soirs on se réunissait pour danser,
chanter, se promener dans les bois. Depuis que Dieu
avait parlé à mon cœur, tous ces plaisirs bruyants
me paraissaient vides et sans charme. Aussi, après
le dîner, pendant ces longues soirées de beau clair
de lune où j'avais eu l'habitude de me joindre à la
troupe rieuse et entraînante, je laissais partir mon

mari et mes enfants, et je m'enfermais seule dans ma chambre.

Quelles paroles pourraient rendre les joies inconnues jusqu'alors qui inondaient mon âme, les lumières subites qui éclairaient mon esprit?

La lecture du petit chapitre de chaque jour de ce mois consacré à notre Mère du ciel, m'expliquait les motifs et les caractères du culte qu'on lui rendait, et qui, loin d'être un culte d'adoration, n'est vraiment qu'un culte d'hommage, de respect et de confiance.

Plus on aime, plus on adore Notre-Seigneur, plus aussi doit-on honorer et aimer celle qu'il a choisie pour le porter dans son chaste sein, et pour lui prodiguer, pendant sa sainte enfance, les soins, les caresses, les baisers d'une mère. Plus nous comprenons le bonheur et la nécessité d'aimer ce Roi des rois et d'obéir au fils de l'Éternel, plus notre respect et notre admiration doivent grandir pour celle à qui le Dieu tout-puissant avait bien voulu obéir sur la terre.

Et puis les dernières paroles d'un père mourant ne sont-elles pas toujours sacrées pour ses enfants? Ne portent-elles pas une signification bien plus sérieuse, bien plus profonde? ne les considère-t-on pas comme un témoignage de cette volonté dernière, que tous les hommes respectent, à laquelle tous s'empressent d'obéir et de rester fidèles? Et les

paroles d'un Dieu, mourant pour nous, s'exhalant
avec son dernier soupir, n'avaient-elles pas encore
plus de droit à l'adoration et à l'obéissance?

« Hommes, voici votre mère, » nous dit-il du haut
de cette croix, tout inondée du sang qu'il répand
pour nous ; et les hommes refuseraient d'accepter
ce cher et précieux legs, donné par un fils qui est
un Dieu mourant ! Il avait tout donné, jusqu'à
la dernière goutte de son sang divin, par amour
pour nous ! Il ne lui restait que sa Mère, celle à qui
il avait été *soumis*, et qu'il avait aimée comme un
Dieu sait aimer une mère ! Il nous la donne, afin
que nous l'aimions, que nous la respections, que
nous la priions d'intercéder en son nom pour
nous auprès de son Père.

Que toutes ces réflexions que m'inspirait la grâce
me paraissaient simples, naturelles et logiques ! Ce
culte dont on m'avait dit tant de mal, cette idolâtrie, dont on accusait les catholiques, tout cela
s'expliquait, et je ne m'étonnais que d'une seule
chose, c'est qu'il pût y avoir sur la terre un chrétien qui ne fût pas rempli de vénération et d'amour
pour cette Vierge si pure, si bonne, si aimée par
notre divin Sauveur !

Dans ces moments, inondée par les lumières
de la foi, saisie d'une émotion indescriptible, je
tombais à genoux, devant ma fenêtre. Les yeux
fixés sur le ciel parsemé d'étoiles et éclairé par la

douce clarté de la lune, mon regard semblait péné-
trer bien au delà de cette voûte admirable ; mon
âme s'élançait jusqu'aux pieds de Dieu ; mon cœur
était transporté d'une joie, d'une paix célestes, d'un
bonheur qui s'exprimait par d'abondantes larmes.
Je restais à genoux, ayant commencé une prière
que je n'achevais pas, et dans un silence profond,
oubliant tout ce qui se passait autour de moi, les
heures s'écoulaient, et je restais toujours là, le regard vers le ciel, jusqu'à ce que les éclats de rire et
les paroles bruyantes de mes amis, qui finissaient
par s'apercevoir de ma longue absence, frappant
mes oreilles, m'obligeassent à les rejoindre.

Mon Dieu ! comme vous récompensez magnifi-
quement la bonne volonté de l'homme, et comme
vous soutenez, consolez, éclairez l'âme qui se jette
avec confiance et sans réserve dans votre sein !

Depuis le jour où le Seigneur m'avait lui-même
inspiré la pensée de voir un prêtre catholique, il
m'avait portée dans ses bras.

Soutenue de plus en plus par la grâce, je m'ap-
prochais avec bonheur de l'unique source où je
pouvais puiser la lumière, la foi et la vérité.

Mon esprit, ma raison, se courbèrent sans effort
devant les paroles de l'Église catholique. Je n'eus
pas un seul instant d'hésitation ni de doute. La foi
m'arrivait à flots, si je puis m'exprimer ainsi, et là
où d'autres avaient eu besoin d'approfondir, de

4

sonder, d'étudier, de discuter, mon cœur, séduit et charmé, s'élançait en avant, et je croyais, sans m'en apercevoir, les mystères les plus difficiles à accepter pour une protestante. Je croyais, parce que j'aimais !

Oh ! oui, j'aimais tous les jours davantage Notre-Seigneur Jésus-Christ, et j'étais heureuse de croire aveuglément ses saintes, ses immuables paroles !...

J'allais, comme je crois l'avoir déjà dit, deux fois la semaine à Paris, dans cette chère église de Saint-Philippe, où je devais accomplir bientôt le plus grand acte de ma vie, et auprès de laquelle, plus tard, dans les desseins cachés et admirables de Dieu, je devais passer tant de douces et paisibles années.

L'époque fixée par mon digne ami pour mon abjuration approchait ; il voulait que ce grand événement eût lieu sous les auspices et pendant le mois de Marie.

Nous choisîmes le 23 mai ! Je me rappelle encore les ineffables et profondes émotions que j'éprouvai, lorsque, agenouillée dans cette église bénie, au tribunal sacré de la pénitence, j'écoutais la voix grave et cependant pleine de tendre sollicitude du digne et respectable prêtre qui instruisait mon ignorance. C'était l'époque de la première communion.

Plusieurs centaines de jeunes enfants remplissaient le temple des accents qui s'élevaient de leurs bouches pures et innocentes.

Ils allaient offrir les prémices de leur âme, de leur intelligence, de leur amour, à notre divin Sauveur, qui devait bientôt descendre avec bonté dans ces jeunes cœurs, temples vivants de grâce et de pureté.

Je m'étonnais alors de me voir, moi, pauvre brebis égarée, admise à participer au même bonheur ! Je me sentais accablée de douleur, à la pensée de tant de fautes commises depuis mon enfance jusqu'au jour où j'étais arrivée, en même temps qu'inondée de joie d'avoir enfin rencontré la planche du salut !

Je fondis en larmes et je restai auprès de mon directeur, anéantie d'admiration et de reconnaissance, à la vue de la miséricorde et de la mansuétude de notre Dieu !

Oh ! comme je comprenais alors la parole du divin Pasteur: « Il y aura plus de joie dans le ciel pour un seul pécheur converti, que pour quatre-vingt-dix-neuf justes qui n'ont pas besoin de conversion. »

Mon mari paraissait touché de tout ce qu'il voyait en ce moment; il se prêtait avec une obligeance parfaite à toutes les exigences qu'entraînait la situation.

Comme pour célébrer notre union dans l'Église

catholique il fallait accomplir un grand devoir, celui de la confession, il ne recula pas devant cette obligation, qu'il accepta avec un généreux empressement, et j'eus la joie de le voir arriver un jour à la campagne, joyeux et fier, m'annonçant avec une franche et bonne cordialité, qu'il était *blanc comme neige*; car il venait de recevoir la sainte absolution.

Quelle récompense encore pour ma fidélité, que de voir le père de mes enfants participant à ce précieux avantage, et profitant de ses grâces, lui qui, hélas! avait négligé depuis un si grand nombre d'années ses devoirs religieux.

Dieu qui paye de retour les actions les plus petites faites pour lui plaire, lui tiendra compte de la noblesse avec laquelle il laissa de côté tout respect humain. Ce premier acte de foi et de courage, j'en ai la douce espérance, attirera sur sa tête la grâce d'un véritable retour vers ce Dieu si bon, et toujours prêt à accueillir ses enfants!...

Cependant le bruit commençait à se répandre dans le cercle mondain, frivole et sans foi qui m'environnait, qu'un événement étrange, inouï, allait s'accomplir.

Une femme de ce cercle allait abandonner ses idées mondaines et, éclairée, convertie, songeait à son âme; elle allait abjurer la religion qu'elle professait depuis tant d'années!

A cette nouvelle, on s'émeut, on s'interroge ; à peine ose-t-on croire à une pareille aberration, à un pareil scandale ! Enfin, ne pouvant plus douter de la vérité de cette nouvelle, on prend la résolution de tout arrêter en frappant un grand coup.

On se décide à s'expliquer avec moi sur le crime de lèse-société, dont j'allais si audacieusement me rendre coupable.

Un soir donc, c'était, autant que je m'en puis souvenir, l'avant-veille de l'heureux jour qui devait me voir entrer dans la véritable Église de Jésus-Christ, M. et Mme X.... me firent demander un entretien. Je m'empressai d'aller à leur rencontre, et je me rappelle que lorsque je m'approchai avec affection pour embrasser mon amie, que j'aimais tendrement, elle me repoussa froidement et me pria de m'asseoir entre elle et son mari, sur un banc du jardin où nous avions l'habitude de nous réunir.

J'accédai silencieusement à son désir, car j'éprouvais une véritable surprise à la solennité, à la froideur de ce début inattendu.

Alors M. X.... m'adressa la parole à peu près en ces termes :

« Chère madame, un bruit extraordinaire est parvenu jusqu'à nos oreilles, et nous ne voulons y ajouter foi qu'après vous avoir entendue. On nous dit que vous songez à abandonner votre religion, et à abjurer pour entrer dans l'Église catholique ?

— Cela est parfaitement vrai, repris-je avec émotion, bientôt je vais avoir ce bonheur.

— Mais y pensez-vous, ma chère amie, s'écria à son tour Mme X..., songez-vous à l'importance de l'acte que vous allez faire ? Quitter la religion de votre famille, de vos parents !

— Mais, mon amie, lui répondis-je, si je me décide à accomplir un acte aussi important, c'est que j'ai acquis des preuves certaines que la religion catholique est la seule véritable.

— Comment, répond Mme X..., que me dites-vous donc là ? qui a pu vous faire croire à de semblables folies ? »

Je la regardai étonnée, car elle et toute sa famille étaient catholiques.

« Mais, chère amie, ajoutai-je avec chaleur, n'êtes-vous pas catholique vous-même ? et pouvez-vous ne pas vous réjouir de me voir adopter la religion que professe toute votre famille, votre fille qui vous est si chère ?

— A quoi sert tout cela, reprit-elle, pour résoudre la question qui vous concerne ?

« Si moi et ma fille nous sommes catholiques, c'est parce que le hasard nous a fait naître dans cette religion, et certes, nous serions nées juives ou protestantes, que nous nous garderions bien de changer de foi.

— Oh ! mon amie, m'écriai-je alors, confondue et

affligée d'entendre un pareil langage sortir d'une bouche si chère, pensez donc à l'importance de bien savoir la vérité dans une matière aussi grave. Songez qu'il y va du salut de votre âme !

— Vraiment on vous a tourné la tête, reprend le mari, et vous me faites de la peine. Qui donc a pu vous métamorphoser de la sorte ?

— Oh ! le meilleur, le plus saint des hommes, qui par ses exemples admirables, encore plus que par ses exhortations, m'a ouvert les yeux.

— Prenez garde, madame, ajouta avec solennité M. X..., cet homme ne peut avoir que de mauvais desseins ; bientôt vous vous apercevrez avec désespoir du piége affreux qu'il tend à votre bonne foi, à votre crédulité.

— Oh ! monsieur, m'écriai-je, si vous le connaissiez comme moi, vous ne tiendriez pas ce discours et vous seriez tout disposé à vous éclairer de ses conseils. D'ailleurs, après tout, quel inconvénient voyez-vous à ce que je vais faire ?

— Madame, vous êtes réellement bien étrange ! Pour moi toutes les religions sont bonnes, et lorsque l'on naît dans une foi quelconque, on ne doit jamais en sortir.

« D'ailleurs, il faut vous dire toute la vérité. L'acte que vous préméditez est une action honteuse, infamante, et si vous osez l'accomplir, personne ne voudra plus vous recevoir ni vous revoir.

— Je me résignerai, repris-je, à cet inconvénient, lorsqu'il y va pour moi d'une chose si supérieure à toutes les autres.

— Mais du moins, madame, s'écria M. X.... s'exaltant de plus en plus, vous tenez à conserver la position de votre mari, à ne pas nuire à l'avenir de vos enfants? Sachez donc que la femme qui est capable d'abjurer la foi de sa famille est flétrie à jamais. La société, qui la montre au doigt, la fuit avec mépris; ce mépris retombe sur tous les siens. Toutes les hautes et grandes relations qui, jusqu'à présent, vous ont entourée de sollicitude et de respect s'écarteront; votre mari lui-même en souffrira, lui, qui aspire à un poste distingué et important; et le retentissement, le scandale causé par l'abjuration indigne de la mère rejaillira sur les enfants, qui, pendant toute leur vie, seront les victimes de la honte que vous aurez attirée sur leurs têtes innocentes. »

En ce moment, soutenue par la grâce et heureuse d'accepter tous les sacrifices que réclamait ma nouvelle foi, je me levai et, le cœur battant avec force mais avec joie, je répondis : « Monsieur, j'ai trois âmes à sauver : la mienne, et celle de mes chers enfants. Je préfère notre salut à tout le reste !

— Mais encore, reprend mon amie avec une vive émotion, ne tenez-vous plus à rien? Si les considé-

rations de position, d'avenir, de fortune ne vous tou-
chent plus, celles du cœur au moins ne vous arrê-
teront-elles pas au bord du précipice où vous allez
vous jeter? Songez à ceux qui vous aiment, à
vos parents, à votre père, à votre mère, à votre
frère, à vos sœurs! Quel sera leur désespoir? Et vos
amis? Ne les comptez-vous plus pour rien. Permettez-moi de vous le déclarer ici nettement, lorsqu'on
a de véritables amis, on n'a plus le droit de disposer ainsi, sans leur adhésion, de son existence et
de sa foi. On se doit à la société où l'on vit, et je ne
crains pas d'ajouter que, lorsqu'on a des amis aussi
dévoués, aussi haut placés que nous le sommes, on
ne persiste pas dans un projet qui encourt leur
blâme et leur exécration.

— Madame, m'écriai-je, l'affection de la famille,
l'amitié, tout cela est bien précieux pour mon cœur;
mais il y a une chose qui m'est encore plus chère,
c'est mon salut et celui de mes enfants.

— Eh bien! sachez-le, c'est notre dernier mot:
la démarche que nous faisons en ce moment, au
nom de votre société et au nôtre, est la dernière
preuve que nous puissions vous donner de notre
attachement. Si vous persistez dans cette affreuse
résolution, vous perdez à jamais notre amitié. Choisissez donc, c'est à vous à décider. Il en est temps
encore; abandonnez cette folie indigne d'une âme
honnête, ou bien renoncez à nous revoir jamais.

— Oh! mes amis, m'écriai-je émue, tremblante,
attendrie, mais cependant ferme et inébranlable,
Dieu m'est témoin combien je vous aime, et du profond chagrin que me fera ressentir cette cruelle séparation. Mais, je suis prête à tout souffrir pour lui ;
je le répète, j'ai avant tout une âme à sauver et un
ciel à gagner. J'accepte, en pleurant, l'arrêt que
vous portez à notre affection ; Dieu m'accordera le
courage et la force de le supporter. Adieu, mes
amis, puisque vous le voulez ainsi, adieu !... »

Après cette pénible épreuve je me levai, me sépa-
rant des amis les plus chers et les plus intimes que
j'avais eus jusqu'à ce jour. Je rentrai chez moi,
émue, mais fortifiée par une grâce divine. Je venais,
il est vrai, de perdre non-seulement mes meilleurs
amis, mais encore d'apprendre tout le mépris, toute
la haine qui m'attendaient. Malgré tout cela, une
douce joie inondait mon âme, la mort même n'aurait pu arrêter mes pas, ni ma résolution d'aller me
jeter pour toujours dans le sein de la véritable Église
de notre divin Sauveur....

Je résolus cependant de cacher à mon mari ce
fâcheux entretien, j'aurais craint de l'ébranler par
ce récit dans le parti généreux qu'il avait adopté.
J'offris à Dieu, dans le silence de mon cœur, ce sacrifice qu'il me demandait, mille fois heureuse de
l'occasion, qu'il me fournissait, de lui montrer ma
fidélité et ma reconnaissance. Enfin, je vis éclore le

plus beau jour de ma vie! Comme je tressaillais de joie au réveil! J'allais être remplie des plus précieuses grâces du ciel, recevoir, en un seul jour, les sacrements de pénitence, de baptême, de mariage et de première communion.

O mon Dieu, aidez-moi à dire ce qui se passa dans mon âme en ces heureux moments; car de moi-même il me serait impossible de le décrire. Je me souviens que nous partîmes de très-bonne heure de la campagne, afin d'arriver le plus tôt possible à Paris. Toutes les précautions avaient été prises avec les soins les plus délicats par cet ami qui allait, à si juste titre, devenir bientôt mon parrain, pour concilier toutes choses avec le désir si naturel de mon mari de faire la cérémonie de la façon la plus secrète. Il s'était entendu avec le digne abbé M..., pour disposer tous les préparatifs dans une petite chapelle fermée, attenante à l'église de Saint-P..., où ne devaient entrer que les témoins indispensables.

Je ne chercherai pas à décrire cette cérémonie où, bien certainement, assistaient invisiblement nos anges gardiens et Notre-Seigneur lui-même. Lorsque ma petite fille aînée, et moi, nous eûmes posé la main sur le saint Évangile, pour abjurer l'erreur et confesser la vraie foi, notre émotion était à son comble, et nous versâmes les larmes les plus abondantes.

Ensuite vint le saint baptême, dont l'eau si régénératrice coula sur nos âmes avec toutes ses grâces et ses priviléges.

Quand nous reçûmes, mon mari et moi, le sacrement de mariage, l'attendrissement avait gagné tous les assistants. En passant à mon doigt le même anneau nuptial, donné autrefois par un évêque protestant en des circonstances si différentes, mon pauvre mari pleurait comme un enfant; son cœur ne résistait pas plus que le mien à toutes ces émotions. On plaça nos deux petites filles sous le dais, afin de les faire participer à la bénédiction nuptiale. Tout le monde pleurait, jusqu'au vénérable ministre qui célébrait le saint sacrifice, et qui m'aimait déjà comme son enfant.

Puis, arriva ce moment doux et solennel de la communion. C'était la première fois que Notre-Seigneur descendait dans mon âme; mais il l'avait bien préparée à le recevoir, et il vint, avec une divine bonté, habiter le cœur de son enfant qu'il avait enfin retrouvée pour ne plus s'en séparer.

Vous le savez, mon Dieu, lorsque je m'approchai de vous cette première fois, je le faisais avec conviction, il est vrai, mais surtout pour accomplir jusqu'au bout le devoir que m'imposait ma nouvelle religion; car, pauvre ignorante que j'étais, séparée depuis mon enfance de cette divine nourriture des anges, pouvais-je me douter des délices qui m'attendaient, et de la douceur, de la béatitude même que l'on ressent, lorsqu'avec un cœur bien disposé on s'approche de la source de toute pureté, de tout amour.

O divin Sauveur! que sera-ce un jour, lorsque nous serons avec vous dans votre paradis, puisqu'il y a déjà de pareils jours sur la terre!...

Mon excellent ami, devenu depuis quelques instants mon parrain, voulut s'asseoir au banquet de vie avec celle qu'il venait d'arracher à la mort, et d'engendrer en Jésus-Christ.

Le père et l'enfant se trouvèrent ainsi réunis aux pieds de Jésus-Christ, et mon fidèle ami pouvait bien en ce moment offrir au divin pasteur, comme fruit de son zèle apostolique, la brebis égarée que sa charité lui avait ramenée!...

Depuis lors, il s'établit entre mon parrain et moi une communauté de pensées, une solidarité de sentiments, une sympathie pieuse, qui n'ont fait qu'augmenter à mesure que je devenais plus capable d'apprécier l'incomparable bienfait que je devais à sa charité et à son zèle infatigables.

De son côté, c'était une tendre et paternelle compassion, des conseils sages et éclairés; du mien, la plus filiale, la plus douce des affections, une reconnaissance, une confiance sans bornes, une admiration incessante.

Cet échange de sentiments a constitué entre mon

parrain et moi un lien que Dieu seul peut comprendre, et ce lien formé sur la terre, sous son divin
regard, n'est que le prélude de cette union indissoluble, qui devra exister dans le ciel, entre l'âme du
père le plus vénéré, et de l'enfant la plus dévouée,
auprès de Jésus et de Marie pour toujours!...

# SECONDE PARTIE.

Que dirai-je, à présent, des grâces qui ont suivi cette première communion? Principe de toutes les autres, elle est devenue ma consolation et ma force. Comment faire comprendre la paix inexprimable, qui s'est établie dans mon âme, et l'a soutenue au milieu des plus cruelles persécutions? Comment raconter la joie intérieure, l'énergie et le courage qui vinrent me fortifier dans les nombreuses épreuves par lesquelles il a plu à Dieu de me faire passer?

« Cherchez le royaume de Dieu et sa justice, a dit le Seigneur, et tout le reste vous sera donné par surcroît. »

Oh! comme Dieu a été fidèle à cette divine promesse à mon égard.

Heureuse, tous les jours davantage, d'être devenue enfant de la seule et vraie Église de Jésus-Christ,
il semblait que ce bon Sauveur prenait à tâche de
me prouver, à chaque pas, qu'il avait béni d'une
bénédiction éternelle la voie où j'étais entrée. J'en
découvrais à tout instant les incalculables avan-
tages.

Mon âme, qui avait été brisée, desséchée par les
déceptions, les douleurs les plus cruelles, renaissait
à cette nouvelle vie de calme, de paix, d'émotions
innocentes et pures. Je vivais toujours, il est vrai,
au milieu des plus grandes tribulations; mais mon
cœur surabondait d'une joie toute divine, et ra-
jeuni, confiant, comme au jour de cette première
enfance, où aucun souci n'en avait encore troublé
la sérénité, il paraissait être sorti des étreintes gla-
ciales du tombeau pour s'élancer vers un foyer de
lumière et d'amour.

Non, Seigneur, il me serait impossible de raconter
ce que vous fîtes pour moi ! Je ne pourrais énumé-
rer ni les preuves éclatantes de la tendre sollicitude
que vous n'avez cessé de me prodiguer depuis ce
jour à jamais inscrit au ciel, ni tous les événements qui se sont passés, et où j'apercevais pour
ainsi dire votre main paternelle écartant les dan-
gers, et appliquant sur les plaies de mon âme le
baume salutaire de vos divines consolations.

Depuis ce jour heureux vous avez été à mes cô-

tés, veillant sur mes intérêts, bénissant mes démar-
ches, essuyant mes larmes.

Après tant de bienfaits, Seigneur, ne serait-il pas
juste de publier quelques-unes de ces marques de
paternelle bonté, qu'il vous a plu de m'accorder, et
puis-je résister au bonheur de raconter la générosité avec laquelle vous récompensez un peu de courage et de fidélité? Oh! puisse le récit des admirables
secours que vous m'avez prodigués, disposer et
encourager ceux qui liront ces lignes, et surtout
mes chers frères protestants, à écouter le doute,
l'incertitude ou le trouble qui s'élèvera dans leur
âme pendant cette lecture!

Puissent-ils, cédant, comme je l'ai fait, à cette
première impression de la grâce, ne pas résister à
la pensée de s'éclairer et de s'instruire.

Qu'aucun sentiment de respect humain, aucune
considération de famille ou de position ne les arrête;
qu'ils ne craignent pas en entrant dans la vraie et
sainte Église catholique, la seule épouse de notre
divin Sauveur, de se jeter hardiment dans les bras
de ce Dieu, qui, loin de se retirer pour les laisser
tomber, les comblera de consolations et de bénédictions sans nombre. . . . . . . . . .

. . . . . . . . . . . . . . . .

J'étais donc enfin dans la vérité, mais bien ignorante et comme un enfant s'essayant sous le regard de sa mère à faire les premiers pas, en trébu-

chant, je tâchais de mon mieux de suivre et de comprendre sous les regards de Marie, la Mère divine, qui m'avait donné ma nouvelle foi, les cérémonies si solennelles et les fêtes si belles de l'Église catholique, marquées au sceau d'un cachet céleste et mystérieux. Comme je l'ai dit, j'étais à la campagne, loin de ces pieux amis qui m'avaient instruite jusqu'alors, livrée un peu désormais à mes propres recherches. J'allais assister avec bonheur et avec assiduité à la sainte messe ; mais personne encore ne m'avait appris à suivre et à approfondir cette suite de cérémonies sublimes qui accompagnent le divin sacrifice. Je cherchais le moyen d'y parvenir, lorsqu'un jour, étant venue à Paris pour voir mon directeur, il me parla d'une dame de ses pénitentes qui avait une grande foi, et qui avait composé un petit livre à l'usage des enfants qui vont faire leur première communion. Dieu permit que cette personne se trouvât en même temps que moi au confessionnal.

M. l'abbé, dès qu'il eut appris cette circonstance providentielle, s'empressa de sortir du saint tribunal, et de nous présenter l'une à l'autre. « Mme N..., me dit-il après les préliminaires exigés par la bienséance, habite la même campagne que vous ; je lui ai parlé de votre conversion, elle sera heureuse de vous être utile. »

Pendant les mois d'été passés à B..., je profitai

de cet agréable voisinage. Je vis souvent cette dame
zélée et instruite; elle eut la bonté d'achever mon
instruction religieuse. Elle m'accompagnait à la
sainte messe, poussa la charité jusqu'à suivre avec
moi, pas à pas, le divin sacrifice, m'expliquant avec
bonté chacune de ces belles et intéressantes cérémonies dont toutes, même la plus simple, a une
signification mystique, et me prêta un ouvrage
excellent de M. Le Courtier sur les mystères de la
messe, et sur la manière d'y assister avec avantage.

Quelle bonté de Notre-Seigneur, de mettre ainsi
à côté de moi tous les instruments nécessaires pour
m'aider à marcher dans ce chemin de la vérité
si nouveau pour moi, et pour m'apprendre, en
m'instruisant tous les jours davantage, à apprécier
et à admirer de plus en plus la sainte liturgie de la
vraie Église, dont la majeure partie remonte au
temps des premiers chrétiens!

Pleine du bonheur que j'avais goûté à la sainte
Table, je devais désirer y faire participer au plus
tôt mes chères petites filles.

Mon bon directeur et mon cher parrain hâtèrent
l'heureux moment où mes enfants devaient pour
la première fois participer au banquet divin.

Ils voulurent que, toute ignorante que j'étais, je
les instruisisse moi-même, et je complétais ainsi
mon éducation religieuse en préparant ces jeunes

cœurs à jouir comme moi de la divine présence de
leur Dieu. Leur première communion fut fixée au
15 août de cette belle année 1850 ; et la douce occupation de préparer mes chères enfants fut pour
moi une source de bonheur et de grâces. J'eus la
joie de captiver complétement leur confiance, et
rien ne m'était plus doux que cet échange de con-
fidences et de conseils, que ces épanchements de
tendresse et de pieuse joie, entre le cœur de la
mère et celui des enfants.

Ce fut donc le jour de l'Assomption de la sainte
Vierge, que mes chères filles, entourées de prières
et de vœux, célébrèrent ce jour le plus doux, le
plus beau de la vie parce qu'il est le plus pur, celui de la première communion. Ainsi s'écoulèrent
les premières semaines de mon entrée dans la vraie
Église.

Mais avant de continuer, peut-être serait-il nécessaire de revenir sur nos pas.

Depuis le soir de l'explication si pénible avec les
amis qui continuaient d'habiter auprès de moi,
notre intimité avait entièrement cessé. Ces personnes, qui avaient été liées avec moi, au point de
passer presque toute la journée ensemble, m'a-
vaient à peu près abandonnée. Leur fille même,
charmante jeune personne, que j'aimais presque
comme une sœur, on l'avait mariée, on avait célé-
bré le mariage sous mes fenêtres avec éclat et

pompe, et l'on ne m'y avait pas invitée ! Dans tout autre temps, mon chagrin eût été bien amer, car je les aimais tous d'une véritable affection ; mais la grâce habitait en mon cœur, et l'amour de mon Dieu me dédommageait au centuple de ces mépris, de ces abandons. Le bon Dieu voulait cependant me récompenser du léger sacrifice que je lui avais fait. Un jour, j'étais seule, on frappe à ma porte, et Mme X.... se présente à mes yeux étonnés. « Ma chère amie, me dit-elle, je ne peux plus vivre dans cette froideur avec vous. Mon cœur en souffre, le vôtre doit en souffrir aussi. C'est à la plus heureuse de faire le premier pas, voilà pourquoi je viens à vous. Pardonnez, oubliez ce qui s'est passé. Nous avons tous admiré votre courage et votre droiture, et je commence à croire après tout que vous n'avez pas si mal fait de persister dans votre résolution. Je dois même à la vérité, de dire que dans les quelques rencontres que nous avons faites depuis cette triste soirée, nous avons été vivement touchés de votre attitude simple, bonne, et cependant remplie de dignité. Vraiment, vous me feriez presque croire que vous avez gagné depuis que vous êtes devenue catholique ! »

Je me jetai au cou de Mme X..., heureuse, touchée de sa bonté, et surtout joyeuse d'avoir obtenu ce témoignage presque involontaire de la puissance de la vraie foi, dans une bouche si peu habituée à

dire de pareilles choses. Oh! Seigneur, quelle reconnaissance pour ce nouveau bienfait, et qu'il est
à regretter qu'un pareil cœur soit éloigné de vous.

Des circonstances, qu'il serait trop long d'expliquer ici, provoquèrent à cette époque notre réunion avec des membres de la famille de mon mari.
Il désirait essayer de cette vie en commun, qui allait être pour moi la source de tant de peines et de
larmes. Mais Dieu avait ses desseins, et il savait qu'il
était nécessaire, pour me fortifier dans ma nouvelle
foi, de me faire goûter un peu des contradictions et
des persécutions qui ont été le partage de tous les
enfants fidèles du Maître crucifié, et, dans sa miséricorde, ce père si tendre voulut me faire comprendre que la souffrance et la croix sont les seuls
moyens pour parvenir aux douceurs de son amour.

Cette réunion à des personnes dans une voie toute
différente de celle où Dieu me faisait entrer, ne fit
qu'irriter des esprits déjà mal disposés pour moi.
Ma piété froissa les idées et les habitudes de ceux
avec qui j'étais appelée à vivre ; et, après les avoir
d'abord surpris, les scandalisa et les dégoûta. On
avait espéré que cette conversion en serait restée à
la cérémonie, qui m'avait rendue membre de la
même Église, que la messe le dimanche, et quelques rares apparitions dans le temple, devaient suf-
fire à ma dévotion.

Mais lorsqu'on comprit que je prenais la chose

au sérieux et que les pratiques de ma nouvelle foi, si douces à mon cœur, devenaient mon aliment journalier, alors la colère, le dépit s'allumèrent, et l'on mit tout en œuvre pour s'opposer à cette vie sérieuse, si contraire aux tristes habitudes du monde.

Oh! qu'ils se doutaient peu de la faim et de la soif ardente qui avaient saisi mon âme pour les célestes délices et pour ces pensées du ciel qui l'absorbaient et la captivaient tout entière!

La persécution ne tarda donc pas à se faire sentir. Elle m'enveloppa de toutes parts d'une étreinte de fer. La régularité de ma vie portait ombrage autour de moi. De l'antipathie on passa bientôt à la haine la plus profonde, aux reproches et aux menaces les plus cruelles. J'avais pu, échappant à une tyrannique surveillance, mener mes chères petites filles au catéchisme de persévérance, si nécessaire pour faire un contre-poids aux lectures pernicieuses, aux récits scandaleux dont on ne craignait pas de souiller leurs jeunes imaginations.

On parvint à découvrir ce que je faisais pour ces pauvres enfants; on me fit la défense impérieuse de les faire entrer même dans une église, et l'on me menaça de leur retirer les professeurs qu'on leur donnait, à moins de recevoir ma promesse de les conduire à l'église le dimanche seulement. Ah! que je souffrais pour leur innocence, et forcée que je l'étais de les exposer ainsi, avec quelle ferveur j'invoquais tout bas leurs anges gardiens, en les suppliant de boucher leurs oreilles, de fermer leurs cœurs pendant de longues soirées, où entourée d'un monde brillant et corrompu, il fallait refouler mon angoisse dans les plis secrets de mon·cœur maternel.

Quant à moi-même, on m'interdisait l'entrée des églises, on me faisait suivre, afin de s'assurer que je n'enfreignais pas les ordres qu'on donnait. Vous savez, Seigneur, combien de fois j'ai payé par des larmes amères, et de cruels outrages, quelques instants passés aux pieds de votre autel, où j'allais puiser la force nécessaire pour résister à la violence des épreuves qui m'attendaient. Toutes mes paroles étaient mal interprétées, toutes mes actions condamnées : « Croyez-vous, me disait-on, que nous voulons d'une bigote dans notre famille ? Quels sont donc les crimes dont vous vous rendez coupable, pour aller ainsi les confesser aux pieds du prêtre ? Que pensez-vous donc gagner, en allant sans cesse vous rouler aux pieds des autels, et prétendez-vous, par hasard, que parce que vous ne voulez plus dire du mal de votre prochain, que le plus petit mensonge vous fait horreur, que vous irez au ciel avant nous ? Vous ne voyez donc pas que toutes ces idées vous rendent de plus en plus odieuse !... »

Telles, et pires encore, étaient les interrogations que je subissais devant les membres de la famille, qui, se réunissant en tribunal, me faisaient compa- raître devant eux, pour juger mes prétendus cri- mes, et essayer d'enchaîner ma conscience. Mais là ne devaient pas s'arrêter les persécutions. On en vint à gagner mon mari, d'ailleurs bon et indulgent mais dominé par des esprits forts, il est vrai, selon le monde, et par conséquent très-adroits à subju- guer et à séduire. Rien ne manquait donc à mon malheur, et tout concourait à me briser le cœur!... Toutefois, dans ces moments d'épreuves sans nom- bre, mes souffrances étaient partagées, et mes lar- mes essuyées par les témoignages d'affection que me prodiguaient mon cher parrain et mon bon di- recteur. Rien ne pourrait faire comprendre le zèle et le dévouement de mon parrain, pour intervenir entre les persécuteurs et la victime. Dieu permettait que ce fût à lui qu'on allât porter les plaintes qu'on formait, et ce bon et généreux ami (estimé et ho- noré de tous, même de mes ennemis) faisait mille efforts pour calmer les esprits, et fléchir la colère qui éclatait sur ma tête.

Que de lettres tendres, encourageantes, remplies de foi et de consolations, il m'envoyait dans ces cruels moments, au milieu des scènes les plus ou- trageantes, que n'arrêtait même pas la présence des nombreux étrangers qui visitaient la famille. Dieu

permettait quelquefois que ces étrangers mêmes,
frappés de l'injustice et de la cruauté dont on usait
à mon égard, en ressentissent de la compassion, et
quelques-uns même de l'estime; et je dois peut-
être à ces douloureuses humiliations (reçues pour
ainsi dire en public), le dévouement à toute épreuve
des amis les plus fidèles et les plus tendres, qui
m'ont conservé jusqu'à ce jour leur respect avec
leur affection.

Ici encore, Dieu mettait comme toujours la récompense auprès de la souffrance, et me faisait
comprendre de plus en plus que cette main divine, qui frappe à regret, est toujours prête à bénir
et à relever l'âme qui se confie en sa miséricorde.
Dieu était donc à côté de moi, me fortifiant d'une
façon merveilleuse. A mesure que l'orage augmentait, ses grâces inondaient mon âme. J'éprouvais
même une sainte joie de souffrir ainsi pour lui;
il y avait des moments où je me retenais pour ne
pas me jeter au cou de la personne qui a été mon
plus cruel persécuteur, afin de la remercier des
occasions, qu'elle me donnait à chaque instant, de
prouver à mon divin Sauveur ma reconnaissance
et mon amour en lui offrant un sacrifice.

Je me souviens qu'à la campagne, où nous allions
passer l'été en famille, il se trouvait un petit sanctuaire bien simple et bien abandonné. Aucun des
habitants de ce pays peu religieux n'assistait à la

sainte messe qui s'y célébrait dans la semaine. Pour moi je n'oublierai jamais le bonheur que j'éprouvais à aller adorer ce Dieu délaissé ! Lorsque l'humble cloche, à laquelle personne ne répondait, annonçait l'heure du sacrifice qui allait s'accomplir dans la solitude par les mains du prêtre, et dont les anges seuls étaient les témoins, il me semblait que c'était la voix de Jésus, m'appelant pour le consoler de son abandon, et je n'aurais pas voulu pour des trésors manquer à cet appel divin. Quelles paroles pourraient faire comprendre le ravissement dont était saisie mon âme pendant l'assistance au saint sacrifice. Oh ! comme je m'identifiais à tout ce qui se passait sur l'autel ! Avec quels transports de reconnaissance et de joie j'unissais mon cœur à celui des anges et des séraphins, pour m'écrier : *Sanctus, sanctus !* Avec quel amour mêlé de respect je voyais descendre entre les mains du prêtre la divine victime ! M'anéantissant à ses pieds sacrés, je m'écriais inondée souvent des plus douces larmes : « O ! Jésus, mon Seigneur, faites-moi bien comprendre que vous êtes réellement là, descendu du ciel, pour renouveler le sacrifice de la croix. Je crois, augmentez ma foi, aidez mon incrédulité; faites que ma foi croisse tous les jours avec mon amour. Rendez-la si forte, si inébranlable, si héroïque, que je puisse, si cela devenait nécessaire, mourir pour cette chère et sainte croyance. Je sais,

Seigneur, que je suis bien indigne de la grâce que je vous demande. Mais n'est-ce pas dans mon néant et dans ma faiblesse même, que vous pourrez davantage faire éclater votre puissance et votre force? C'est pour cela que j'ose vous le demander avec une ferme confiance, et du fond de mon cœur ; rendez-moi digne, Seigneur Jésus, de mourir pour vous. » Puis, lorsqu'au moment du *Pater*, le prêtre offrait la sainte victime à son père, avec quel bonheur je disais aussi : « Avec Jésus-Christ, par lui, et en lui tout honneur et toute gloire vous soient rendus ! »

Il me semblait qu'il ne restait plus rien à désirer sur la terre ni à demander au ciel : la paix et la joie remplissaient mon âme, avec la pensée que rien ne manquait à la gloire de Dieu en cet auguste moment.

Que la foi grandit, Seigneur, en assistant à cet auguste sacrifice, et quel bonheur, quelle émotion de la terre peuvent être comparés à ce que l'on éprouve à vos pieds. Ne vous voit-on pas, Seigneur, avec les yeux ardents de la foi, ne vous voit-on pas dans ce moment solennel attaché à cette croix mystérieuse qui s'élève majestueusement avec son précieux fardeau entre le ciel et la terre pour couvrir la multitude de nos péchés, et intercéder pour le monde entier ? Quel est le malheureux qui se priverait du bonheur de se jeter aux pieds de cette

croix tout inondée de votre sang, et de vous demander de le laver, de le purifier, de l'enflam-
mer pour vous, en le couvrant de ce sang divin,
afin que lui aussi, si faible, si pécheur qu'il soit,
puisse comprendre la béatitude des larmes et la
pure joie du sacrifice inspiré par votre amour!
Tout éprouvée que j'étais dans ce pays voisin de
Paris, où j'ai tant versé de larmes, j'étais heureuse
d'y être venue et je remerciais Dieu de l'honneur
qu'il me faisait de permettre que je fusse ainsi
choisie pour l'adorer. Oh! que cette heure était
douce, lorsque seule avec le prêtre, je disais à Jésus : « Vous descendez du ciel, Seigneur, en ce
moment, pour lui et pour moi. »

Quelle faveur et quelle grâce! Combien les personnes du monde ne se sentiraient-elles pas honorées, si un grand prince, venu pour se reposer dans
un lieu éloigné du bruit de la cour, daignait les
recevoir dans l'intimité de son repos, et combien
plus je me sentais ravie d'avoir été appelée à rendre
mes hommages journaliers, et pour ainsi dire en
tête-à-tête, au Roi du ciel qui descendait dans ce
sanctuaire abandonné. Ainsi, Dieu me ravissait
jusque sur son cœur et me portait doucement dans
ses bras. Il savait bien que, pour supporter les
épreuves qui m'entouraient, il ne me fallait rien
moins que le puissant secours du ciel. Et, au milieu de ces luttes sans fin, de ces larmes versées

sans cesse, il se plaisait à inonder mon âme de consolations intérieures, assez puissantes pour me dédommager au centuple des peines, que dans sa providence et dans l'ordre de sa sagesse il croyait nécessaires à mon salut.

Entre tant d'autres, je me souviens qu'un soir nous nous promenions dans une forêt. La faible clarté de la lune éclairait seule la profondeur des bois que nous traversions avec ma famille et mes enfants.

Une discussion s'engage : on voulait faire lire à mes pauvres enfants les feuilletons indignes et les romans impies qui faisaient les délices de l'époque. Devant elles, et sans respect pour leur innocence, on racontait les histoires les plus immorales et les intrigues les plus honteuses. J'avais beau protester, rien ne pouvait attendrir ces cœurs, et lorsque poussée au désespoir, je pris ces petits anges par la main et je les entraînai loin de ces discours corrompus, un déluge d'injures, de colère tomba sur ma tête. Ce soir-là donc, l'exaspération était arrivée à son comble. On avait essayé de persuader mes enfants de l'erreur de leur mère, on leur avait tenu à son sujet, et en sa présence, les propos les plus insultants.... Mais qu'y a-t-il de plus courageux qu'une mère, disputant les âmes de ses enfants à la corruption ! Je résistai, malgré les cris et les malédictions. Enfin, dans un paroxysme de fureur, on se tourne vers moi et l'on s'écrie : « Eh bien! puisqu'il en est ainsi, restez, misérable bigote, abandonnée à vos stupides illusions; quant à nous, nous ne pouvons supporter votre présence tant nos cœurs sont remplis de haine et de mépris.... » Et les voilà qui fuient, me laissant à onze heures du soir, seule, tremblante, entourée de mes deux petites filles, qui pleuraient au milieu des ténèbres de la nuit.

Mais, le Seigneur Jésus était dans mon cœur, et avec lui le Roi des cieux, le divin protecteur; qu'avais-je à craindre?

Domptant ma timidité naturelle, je fais le signe de la croix, j'élève mon âme vers Dieu, j'invoque nos trois anges gardiens, et malgré l'obscurité et la distance, nous allons droit devant nous, mes chéries dans le silence de la frayeur, moi dans l'exaltation de la prière, offrant au ciel mes sacrifices et m'abandonnant sur le cœur de Dieu. En effet, avec des guides comme les anges invisibles qui conduisaient nos pas, nous retrouvâmes le bon chemin dans ce bois épais et croisé par mille sentiers divers, et nous arrivâmes chez nous, remplies de reconnaissance de la protection que Jésus nous avait accordée.

Mais, je reviens à des pensées moins amères, et je me hâte de me rappeler encore une fois les douces joies que Notre-Seigneur m'envoyait sans cesse pour me fortifier dans le chemin royal de la croix.

Il y avait, en dehors de la sainte messe, une autre heure de la journée, qui était bien précieuse pour moi. C'était vers le soir. Mes enfants allaient auprès de leur grand'mère qui, fort instruite et femme de lettre distinguée, voulait bien leur donner des conseils de style et des notions de littérature. Pendant cette heure de silence et de solitude, je m'entretenais avec un livre excellent que m'avait donné mon cher parrain : l'*Imitation méditée* de l'abbé Herbet.

Je m'enfonçais dans le plus retiré du bois, méditant, lisant ; mon cœur s'élevait vers Dieu, et des larmes de joie inondaient mon visage.

Entourée de la plus ravissante nature, j'oubliais toutes mes peines. Tout semblait prendre une parure plus éclatante pour me toucher, et emprunter un langage nouveau pour m'inviter à élever mon âme vers le créateur de tant de merveilles. Je m'écriais dans des transports de reconnaissance et de joie céleste : « Si vos mains, Seigneur, se sont plu à orner d'une manière si majestueuse cette triste vallée de larmes, comment sera-ce donc dans votre paradis ? » Que j'étais heureuse en ces moments, et comme le temps s'écoulait promptement.

Tous les jours, même ceux qui étaient pour moi les plus cruels, et où j'avais à supporter les épreuves les plus difficiles, la perspective de cette heure de paix remplissait mon cœur de force et d'espérance, et j'éprouvais une sainte impatience de voir arriver ce moment qui faisait oublier tous les autres.

Oh! que votre grâce est puissante dans un cœur, et combien le sentiment de votre divine présence rend capable de tout supporter! Mille douleurs n'achètent pas trop chèrement quelques instants passés à vous louer, à vous bénir et à se rappeler vos bienfaits!

Mais Dieu dans sa générosité ne se contenta pas de m'accorder ces consolations intérieures, il voulut encore mettre sur ma route d'autres occasions de bonheur.

Mon mari, frappé comme tant d'autres par les événements politiques, avait vu s'échapper de ses mains une position brillante et honorable. Je savais que, malgré son travail et ses efforts, ses ressources avaient considérablement diminué et devenaient insuffisantes aux besoins de sa famille. Je me sentis le désir (fortifiée comme je l'étais par les grâces que Dieu répandait dans mon âme) de lui être utile, en mettant à profit un talent musical que j'avais continué de perfectionner malgré les préoccupations de ma vie. J'eus bien de la peine à obtenir le consentement de mon mari, se croyant humilié par une nécessité qui me paraissait un véritable bonheur. Enfin, vaincu par mes prières, il consentit à ce que je fisse une tentative auprès

d'une de ses cousines que je ne connaissais pas, et
dont le frère, prêtre distingué et dans les plus
hauts rangs de l'Église, pouvait me faire ouvrir
les portes d'un couvent. On me remit pour cette
cousine une lettre d'introduction, dans laquelle on
disait que j'étais devenue catholique, et que je dé-
sirais aider mon mari en enseignant la musique
dans une maison religieuse.

Je n'oublierai jamais l'accueil de la plus aimable
et de la plus noble des femmes, qui devint dès ce
jour mon amie et ma protectrice.

Je me tenais embarrassée et intimidée devant elle
pendant la lecture de la lettre en question. Dès
qu'elle y eut jeté les yeux, elle se leva et me tendit
les bras en s'écriant : « Comment, chère enfant,
vous êtes devenue catholique et vous avez le courage d'accepter du travail pour aider votre mari ?
Oh ! comme cela est beau ! comme je vous admire !
Chère petite, venez sur mon cœur qui vous est acquis pour toujours ! Je vous protégerai et vous
aimerai comme une mère ! »

Cette charmante femme tint parole. Elle me fit
faire la connaissance de son frère, et celui-ci,
après avoir entendu les détails de ma conversion
et de mes souffrances, imitant le noble élan de
sa pieuse sœur, me serra la main et me promit sa
protection.

Il écrivit sans retard à tous les couvents de Paris,

et me fit parvenir auprès de Mme la Supérieure du couvent de.... à laquelle il m'avait recommandée avec une chaleureuse bienveillance. Cette bonne supérieure me reçut à bras ouverts. Elle voulut connaître ma conversion, mes douleurs, et assembla toute sa communauté pour m'entendre. Après le récit de tant de grâces reçues de Dieu, ces dames me donnèrent des témoignages de la plus pieuse sympathie; elles m'embrassèrent avec effusion, me dirent que désormais je devrais les regarder comme des sœurs, et depuis ce jour elles n'ont cessé de me témoigner le plus tendre intérêt et l'affection la plus constante.

M. l'abbé X... ne s'en tint pas aux généreux efforts dont je viens de parler; il eut la pensée de me faire donner l'orgue d'une nouvelle église.

Quoique, par la suite, ce projet ne réussît pas, je ne puis oublier les douces émotions que cette pensée m'inspira. Être appelée à célébrer les louanges de Dieu dans son Église me transportait d'une sainte joie. Être choisie pour toucher cet orgue et pour interpréter par ses sons harmonieux les prières, les élans vers le ciel des fidèles rassemblés, comblait tous mes vœux ! Que de fois, introduite seule le soir (pour m'habituer à cette céleste occupation) tout auprès de Jésus dans son divin Sacrement, mon cœur défaillait d'amour, et les larmes

d'une profonde reconnaissance inondaient mon visage. Alors mes doigts tremblants parcouraient avec
timidité les touches, et provoquaient des sons qui
allaient frapper à la porte du tabernacle caché dans
l'ombre d'un mystérieux et faible crépuscule, tandis
que j'y déposais ma prière avec celle de mes deux
filles qui m'accompagnaient.

Si Dieu m'a retiré dans la suite cette pieuse occupation pour me donner tout entière aux devoirs
arides de l'enseignement musical, que son saint
nom soit béni! Il voulait sans doute, au lieu de me
donner une récompense ici-bas (par le bonheur
même que me procurait ce travail), me la réserver
pour le ciel. Je ne saurais assez le répéter: « Que
son saint nom soit béni à jamais! »

Cependant la persécution augmentait chaque jour.

On espérait me réduire au désespoir, et m'obliger
à fuir tant de cruels traitements en me retirant
dans le sein de ma propre famille. Exposée comme
je l'étais aux sarcasmes les plus amers, une grande
partie de ma société habituelle commença à me
délaisser.

On me traitait d'insensée. Lorsque par hasard
j'osais faire une observation, un chuchotement de
dérision accueillait mes paroles. Lorsque j'entrais
dans le salon, le silence se faisait dans les rangs
et les mots *hypocrite*, *bigote*, circulaient à voix
basse autour de moi. Aux heures des repas on était

convenu, ou de se taire, ou de ne jamais m'adresser la parole.

Les domestiques mêmes, à l'imitation de leurs maîtres, m'abreuvaient d'insolence et de mépris.

On finit par m'intimer l'ordre de rester seule chez moi pour prendre mes repas. On prétendait que ma présence suffisait pour retirer l'appétit et chasser la joie.

Je me soumis à tout, et portai dans le sein de Dieu toutes les larmes de mon cœur.

Un jour mon mari, mû, à ce qu'il me semblait, d'un sentiment de compassion, me parla d'un voyage à faire dans ma famille. Il me rappela l'âge de mon vieux père, la nécessité qu'il y avait d'aller encore une fois l'embrasser, le serrer dans mes bras, avant que la mort ne l'eût enlevé. Il m'offrit même l'argent nécessaire pour entreprendre ce voyage. Touchée de ce procédé peu accoutumé, et partagée entre le désir de revoir ce père chéri et la crainte de laisser mes enfants entre de pareilles mains, je remerciai mon mari et demandai le temps de réfléchir. Ce retour à de meilleurs sentiments pour moi me pénétra d'émotion, et j'allais me livrer à une secrète espérance, lorsque l'on se hâta de me détromper. On m'assura que le seul but, le seul désir de mon mari, était de se débarrasser de moi ; et, lorsque pour le défendre je parlai de sa bonté du matin, on me dit avec

cruauté qu'au sortir de sa conversation avec moi,
il était allé dire aux siens : « Je crois avoir réussi,
nous allons enfin en être débarrassés.... Je lui ai
parlé de son père. Elle consent presque à y aller.
Une fois partie je ne la ferai plus revenir.... » Inu-
tile de dire ici les brisements de cœur, les larmes
amères, qui suivirent cet entretien! Mais, plus la
noirceur et la perfidie des hommes se faisaient jour
dans mon âme, plus elle se rattachait, avec l'exaltation de la souffrance, à ce Dieu, son seul, son
fidèle ami!

C'est à ses pieds que je recouvrais le calme, la
paix; et mes ennemis ne comprenaient pas que,
plus ils m'attachaient à la croix, plus mon âme se
tournait vers son unique espérance, et que la croix
qui me rapprochait du cœur de Jésus me devenait
de plus en plus chère !

Enfin on frappa un grand coup. Un jour, on me
fit dire par mon parrain, devenu l'intermé-
diaire entre la famille et moi, qu'on allait m'en-
lever mes enfants! On m'avertissait que j'eusse
à me tenir tranquille, sans faire la moindre oppo-
sition à ce cruel projet, sans quoi, au lieu de les
placer à Paris, dans une des premières maisons
d'éducation, on les emmènerait à vingt lieues et que
je ne les reverrais plus. Ces chers enfants, qui ai-
maient tendrement et fidèlement leur mère, malgré les efforts qu'on avait faits pour les détacher

d'elle, furent au désespoir. J'étais moi-même près de m'y livrer, tant ce coup abattait mon cœur.

Pour mille raisons impossibles à dire ici, je tremblais de voir mes enfants en d'autres mains que les miennes. Mais Dieu, qui sait tourner les mauvais desseins des hommes à l'avantage de ceux qu'il aime, permit que cette séparation ne fût pas ce qu'on avait espéré. Dès que je parvins à savoir le nom de la maison où l'on devait les mettre, j'allai tout dire à ma chère cousine.

« Comment! s'écria-t-elle, c'est chez Mlles X..., mais je connais intimement ces dames, j'ai été moi-même élevée dans leur maison. J'irai les voir. »

Puis, je cours tout en larmes chez mon bon directeur, lui dire qu'on m'enlève ce que j'ai de plus cher au monde. Son premier mouvement fut un mouvement d'une profonde douleur et d'indignation. Mais lorsque j'eus prononcé le nom de ces dames :

« Oh! mon enfant, comme Dieu veille sur vous! La directrice de la maison est ma pénitente. Je cours lui parler de vous. »

Lorsque ma chère cousine fut revenue de sa visite, j'allai avec empressement apprendre ce qui s'était passé. On avait dit, pour motiver mon absence à ces dames, qui demandaient si les deux enfants n'avaient plus de mère, que c'était pour dérober ces enfants à l'influence funeste de cette

mère qu'on les leur confiait. On leur recomman-
dait beaucoup de surveillance, lorsqu'elle se pré-
senterait pour embrasser ses enfants, afin d'évi-
ter trop d'épanchement et d'intimité.

Malheureusement pour la famille, disait-on, la
mère était très-exaltée ; elle avait la tête faible, et
ses trop fréquentes visites étaient à redouter pour
les enfants.

Après ce récit incroyable, elle ajouta en souriant :
« Vous pensez, chère E..., si je me suis empressée
de dire que vous n'étiez ni folle, ni méchante ; et
afin que Mlle X.... puisse juger de la vérité de mes
paroles, vous viendrez dîner chez moi tel jour pour
la rencontrer. »

Effectivement, au jour convenu je me rendis à
l'invitation de ma chère cousine. Je vis Mlle X...;
au premier coup d'œil son air ouvert et franc me
gagna. Je m'approchai d'elle et je lui dis :

« Mademoiselle, celle qui doit bientôt me remplacer auprès de mes enfants, ne peut rester une
étrangère pour moi. Permettez-moi de vous embrasser et d'espérer que la mère et l'institutrice
s'entendront toujours pour le plus grand bien de
ces chères petites. Vous allez devenir leur seconde
mère ; ce titre m'attache déjà à vous, mademoiselle,
avant de vous connaître. »

Ces paroles dites avec une vive émotion touchèrent Mlle X.... Nous entrâmes en conversation ;

nous causâmes de tout ce qui concerne l'éducation de la jeunesse. Je fus charmée de son esprit et de son tact délicat.

Je lui fis de la musique, elle parut heureuse de m'entendre, et nous nous séparâmes les meilleures amies du monde, nous promettant une franche et sincère amitié.

Ainsi, tandis que d'un côté on me calomniait et qu'on travaillait à me nuire dans son esprit, de l'autre Dieu permettait que cette heureuse rencontre, suivie de plusieurs autres qui eurent lieu à l'insu de ma famille, lui donnât occasion de juger de la fausseté de ces accusations, et de consolider entre nous une bonne affection, commencée sous des auspices tout providentiels, et qui n'a jamais cessé d'exister. Oh! Jésus, comme vous avez encore ici veillé sur votre enfant!!! Une fois mes filles éloignées de moi, la position à la maison devint de plus en plus intolérable. Mon mari, désireux d'en sortir, conçut le projet, courageux du reste, de s'expatrier, et d'aller refaire sa fortune loin des troubles qui avaient agité le foyer domestique. Les autres membres de la famille, de leur côté, voulant à tout prix rompre cette vie en commun qui leur devenait odieuse, partirent pour une propriété aux environs de Paris.

Je restai seule dans un petit logement attenant à l'appartement vaste et somptueux qu'ha-

bitaient mon mari et les siens. Un jour, mon
mari entra chez moi. C'était à l'époque où la position d'organiste venait d'échouer pour des motifs inutiles à dire ici. Je lui appris ce contre-
temps, et il me dit : « Console-toi de cette perte,
le couvent te suffira; je désire que tu ne te
tourmentes pas de cette affaire. » Étonnée de
ce ton inaccoutumé, je le regarde, et je vois
une certaine émotion sur sa physionomie. En
effet; c'était la veille même de son départ, qui
devait amener une longue et pénible absence,
pendant laquelle bien des épreuves m'attendaient. Craignant, je pense, de me faire un nouveau chagrin, après tous ceux que j'avais déjà
ressentis, il voulait me cacher sa résolution jusqu'au dernier moment. Mais il lui coûtait de s'é-
loigner, pour longtemps peut-être, sous les fâ-
cheuses impressions qu'il avait reçues de ceux qui
me faisaient verser tant de larmes, sans m'avoir
adressé une parole de sympathie et d'amitié; il
se rapprocha donc de moi, et d'une voix émue il me
parla ainsi : « Écoute, j'ai vraiment un vif regret
de tout ce qu'on te fait souffrir depuis deux ans.
Tu as supporté la position la plus cruelle avec un
noble courage. Pardonne-moi les larmes que pour
ma part je t'ai fait verser, et crois que désormais
aucune influence ne pourra me détacher de mon
devoir envers toi. »

A ces mots, je me précipitai dans ses bras. « J'oublie tout avec joie, mon ami, et dès que ton appui m'est assuré, je ne crains plus rien de mes ennemis. »

Ainsi, Dieu permit encore cet heureux rapprochement qui servit à renouer en ce moment des liens qu'on avait si cruellement cherché à briser.

Mais Dieu, qui mêle avec une sage et paternelle prévoyance les joies et les peines, m'en réservait une bien profonde, lorsque le lendemain matin de cette petite scène de réconciliation je le trouvai parti ! Ses armoires vides, ses clefs rangées sur la cheminée, ses malles disparues, tout m'annonçait que cette séparation devait être de longue durée !... La pensée de mon isolement, de mon abandon, me saisit le cœur, et j'eus besoin de toute la force de ma foi pour accepter ce coup terrible !

La grâce triompha cependant, et s'établit si bien dans mon âme, que j'envisageai avec calme, et bientôt avec bonheur, la route que Jésus me traçait, route de travail, de recueillement, sous son divin regard. La pensée que j'étais pauvre avec Jésus, me consolait et me fortifiait ; sainte pauvreté qui me rapprochait tous les jours du cœur de cet ami fidèle et de la maison bénie de Nazareth....

Mon parrain fut pour moi, dans cette occasion

nouvelle, le père le plus tendre et le plus compatissant. Il avait été chargé par mon mari de la
mission délicate de m'expliquer les raisons de son
départ, et de me rassurer sur le résultat de ce
voyage mystérieux. Quels soins, quelle affection ne
déploya-t-il pas! Quelle patience à essuyer mes
larmes! Dans la généreuse sollicitude de son cœur,
et voulant remplacer auprès de moi tous ceux
qui étaient loin, il multipliait ses témoignages
de dévouement, et son affection prenait, selon
l'occasion et la nécessité de ma douleur, les différents et sacrés caractères, tantôt du frère, tantôt du père, tantôt presque de l'enfant. Enfin tous
les sentiments capables de me consoler et de
m'encourager se donnaient rendez-vous dans ce
cœur, foyer de dévouement, d'abnégation et de
charité !

Tels sont les effets merveilleux qu'opère la grâce
dans une âme vraiment catholique! Transformée
en un autre Jésus-Christ, cette âme n'éprouve qu'un
besoin, celui de se sacrifier pour soulager ses frères
malheureux, et n'est animée que d'un seul désir, la
gloire de Dieu et son règne dans les âmes. Cette
ardente charité, fidèle imitatrice de celle décrite si
admirablement par saint Paul, pouvait bien faire
dire de cet incomparable ami, que Jésus-Christ vi-
vait en lui!

Effectivement, en le voyant, en l'écoutant, en l'ad-

mirant, je pensais à Jésus, j'écoutais Jésus, je bé-
nissais Jésus.

Cependant, je me consolais difficilement de l'absence de mes enfants. Il fallait que la grâce fût
bien puissante dans mon cœur ulcéré, pour la supporter. Au milieu des cruelles souffrances de ma vie,
la douce sympathie de ces deux petits cœurs était
ma plus grande consolation! Leurs naïves caresses,
leur affection soulageaient ma douleur, et Dieu,
dans sa bonté infinie, permettait que tous les efforts
qu'on avait faits pour les détacher de leur mère,
ne servissent qu'à fortifier, qu'à développer leur
attachement pour elle.

Ils étaient partis, ces chers petits anges consola-
teurs, qui essuyaient avec de tendres baisers les larmes incessantes de leur pauvre mère! Livrée ainsi
à mes ennemis, je n'avais que Dieu seul pour m'encourager.... Il y eut, entre autres, un moment tellement pénible que je ne veux pas m'y arrêter; abandonnée de tous, dépouillée des choses les plus nécessaires à la vie, chassée même avec violence de ce
toit, mon unique abri, seule au monde, abreuvée
d'outrages et d'injustices, il ne manquait plus rien
pour compléter le sacrifice.

Mais alors, Seigneur, que votre grâce était puissante ! que les divines ressources de la foi catholique étaient salutaires! quelle force elles prêtaient
à mon âme abattue !

Lorsque, noyée dans mes larmes, j'allais me jeter aux pieds de mon fidèle directeur, quelle consolation ne me faisiez-vous pas sentir !

La grâce du sacrement de pénitence semblait s'accroître à mesure que s'augmentaient aussi mes douleurs, et je me relevais du saint tribunal, non-seulement purifiée dans ma conscience, mais encore soulagée dans mon cœur. Dieu permettait, dans sa miséricorde, que l'effet du sacrement me devînt pour ainsi dire palpable ; et lorsque le prêtre prononçait les paroles sacrées de l'absolution, il me semblait qu'une éponge divine, imbibée du sang de Jésus et portée par la main d'un ange, avait réellement passé sur mon âme, dont elle cicatrisait toutes les blessures. Alors je me relevais avec résignation. Un calme, une joie indicible succédaient aux angoisses de la douleur. Je sentais bien que le Seigneur Jésus m'avait envoyé cette paix qu'il a promise à ses enfants, cette paix qu'aucune parole humaine ne saurait décrire, cette paix divine qu'on ne peut goûter qu'après s'être approché avec un cœur contrit des sacrements de l'Église catholique.

Pendant toutes ces épreuves, mon père et ma mère ignoraient mes tourments et ma conversion. J'attendais, pour leur apprendre cette grande nouvelle, que Dieu eût choisi le moment, et je résolus, après avoir bien prié, de ne la leur annoncer que quand je pourrais, en passant en Angleterre, leur expli-

quer de vive voix les motifs qui m'y avaient décidée.

Une seule personne de cette nombreuse famille,
qui se composait d'environ soixante membres, avait
eu le même bonheur que moi, celui de devenir catholique. Il y avait plusieurs années de cet événement. J'étais alors protestante, et il glissa sur ma
mémoire sans y laisser de traces. Il va sans dire,
que dans toute la famille la calomnie alla son train,
et qu'il n'y eut pas de crimes assez noirs dont on
n'accusât cette infortunée, devenue l'objet du mépris et de l'exécration générale.

Tout ce que je me rappelais, c'est qu'elle avait fui
le toit paternel et son pays natal avec ses trois enfants, et qu'elle s'était réfugiée en Bretagne. Un
soir, chez Mme ***, cette cousine si pieuse que j'ai
déjà nommée, on vint à parler, dans un groupe
retiré du salon, d'une dame anglaise convertie, du
nom de ***, ayant fui l'Angleterre avec ses petits
enfants, et habitant Paris depuis quelque temps. On
disait même qu'elle jouissait d'une grande réputation de piété, et qu'elle s'était consacrée à diriger
une maison destinée à servir de refuge aux jeunes
filles converties catholiques, qui étaient chassées et
persécutées par leurs familles protestantes. Ce nom,
le mien avant mon mariage, ces circonstances de
fuite et de séjour en France, tout coïncidait pour
exciter mon attention. Alors, seulement, la pensée

de cette parente ayant passé par les mêmes tribulations et les mêmes joies que moi, se présenta à
ma mémoire et fit battre mon cœur d'espérance.

Comment, il serait possible de me raprocher de
cette cousine jusque-là presque inconnue, mais qui,
avec mes nouvelles idées, m'était déjà chère! Retrouver un membre de ma propre famille, parta-
geant mes convictions, et jouissant de mon
bonheur!... Mon cœur tressaillait à cette pensée, et
je mis tout en œuvre pour apprendre au plus vite
si mes espérances étaient fondées.

Après les recherches nécessaires, je découvris la
demeure de cette fervente catholique, et je m'empressai de m'y rendre. J'arrivai à une jolie maison, entourée d'un jardin, située dans le faubourg
Saint-Germain. Pendant la route, je ne cessais
de prier Dieu de permettre que la personne chez
laquelle j'allais me présenter, fût bien celle que
je croyais. Je sonne à une grille qui fermait
l'entrée du jardin, mon cœur battait avec violence!... Une femme de chambre irlandaise vint
m'ouvrir.

« Mme *** demeure-t-elle ici, mademoiselle? lui
dis-je d'une voix tremblante. — Oui, madame, mais
elle est sortie pour le moment. »

Cette circonstance m'embarrassait. Comment
m'assurer que cette Mme *** était réellement la
personne que je cherchais?

« Si madame veut bien me dire son nom, conti-
nua la femme de chambre, je le dirai à ma maîtresse. »

Autre embarras, et comment en sortir?

Après un instant d'hésitation : « Je crois être une
de ses parentes, mademoiselle, du moins son nom
me le fait présumer. Avant de vous laisser le mien,
je désire bien m'en convaincre. N'auriez-vous pas
son portrait dans la maison, vous m'obligeriez de
me le faire voir ? »

A cette qualification de parente, et au mystère
dont je m'entourais, la bonne et dévouée servante me regarda de travers. Hélas! les parents
de Mme *** lui avaient fait verser trop de larmes, pour que ce titre fût accueilli avec bienveillance.

« Sachez alors, madame, si vous êtes, comme
vous le dites, une parente de ma bonne maîtresse,
reprit-elle avec un accent sévère, qu'ici tout le
monde l'aime, la respecte et la regarde comme une
sainte.

— Eh bien, repris-je en souriant, je n'en serai
que plus charmée de la revoir. Soyez assez bonne
pour répondre à ma question.

— Il est vrai, reprit la servante un peu rassurée
mais hésitant encore, que madame a un portrait
dans sa chambre, mais elle en emporte toujours la
clef. »

7

J'insistai pour obtenir que cette fidèle gardienne du repos de sa maîtresse voulût bien aller s'assurer si par bonheur la clef ne serait pas restée à la porte. Elle consentit enfin à ma demande, mais toujours avec un air de défiance qui me divertissait infiniment. Au bout d'un instant elle revint.

« Par extraordinaire, dit-elle, madame a oublié sa clef, c'est une chose qui ne lui arrive jamais; j'en suis tout étonnée. Si madame veut me suivre, je pourrai satisfaire sa curiosité. »

Je montai derrière la femme de chambre, jusqu'à un premier étage, remerciant Jésus dans mon cœur de l'oubli qu'il avait permis, et qui favorisait si bien mes projets.

J'entrai dans la chambre à coucher, et là, au fond d'une alcôve, je vis un portrait de femme. Je m'en approchai vivement : Ciel! c'était elle! Je la reconnaissais bien, quoique ne l'ayant pas vue depuis plus de dix ans. Seulement, je remarquai que de simples et modestes bandeaux avaient remplacé de riches et soyeuses boucles qui encadraient autrefois son visage.

Il y avait quelque chose de si doux, de si calme, de si profond dans ce regard, que je restais absorbée, muette en la contemplant, ne songeant plus à la pauvre servante qui attendait ma conclusion.

« Eh bien, madame? hasarda-t-elle après un silence.

— C'est elle, m'écriai-je. Je la reconnais; quel
bonheur de la revoir!

— Donnez-moi vite une plume et du papier; je
vais vous laisser un mot que vous lui remettrez dès
qu'elle sera rentrée, en lui annonçant ma visite pour
demain. »

Malgré l'émotion qui s'était emparée de moi, je ne
voulus rien laisser deviner de ce qui me troublait.
J'entrevoyais la douce joie qu'allait lui causer la
nouvelle de ma conversion, je ne voulais en rien
anticiper sur ce bonheur.

Je traçai quelques lignes aussi calmes qu'il me
fut possible, et je me retirai le cœur rempli de joie
et d'espérance.

Le lendemain, à l'heure indiquée, je me rendis
chez Mme ***. La même femme de chambre vint
m'ouvrir, mais son abord était déjà plus gracieux.
Elle m'introduisit dans un salon, où une dame en
noir était assise sur un canapé.

A mon entrée, elle se leva précipitamment et vint
vers moi en me tendant les mains. Moi, je me jetai
à son cou! Cette effusion dut bien la surprendre,
car elle était peu habituée à de pareilles démonstrations de la part des membres de sa famille protestante.

Elle m'attira affectueusement sur le canapé à côté
d'elle :

« Que je suis donc heureuse de vous avoir retrou-

vée, me dit-elle; ma mère (sa mère était protestante),
qui vient de quitter Paris, allait tous les jours
aux Tuileries et aux Champs-Élysées avec l'espérance de vous y voir! Mais enfin, vous voilà, que
cette rencontre inattendue me fait plaisir! »

Alors elle me questionna sur ma famille, sur
mes enfants. Je répondis avec circonspection et mesure; je prévoyais l'explosion de bonheur qu'allait
produire l'ouverture si imprévue que j'avais à lui
faire, et je mettais, pour ainsi dire, une certaine réserve à préparer tout doucement les voies. Je sus-
pendis encore quelques instants les paroles prêtes
à s'échapper de ses lèvres. Enfin, après bien des
questions, bien des démonstrations affectueuses, je
lui prends les mains, le cœur battant avec violence,
mon regard pénétrant le sien, afin de ne rien
perdre de la pieuse joie qui allait y éclater, et l'attirant doucement vers moi :

« Chère cousine, lui dis-je, j'ai bien une autre
nouvelle à vous apprendre, une nouvelle bien plus
heureuse que les autres : je suis catholique! »

A ces mots ma cousine pousse un cri, tombe à genoux, les mains et le visage tournés vers le ciel, et
éclatant en sanglots :

« Oh! mon Dieu, s'écrie-t-elle, je la retrouve, et
je la retrouve catholique!... C'est trop de bonheur!... »

Elle se relève alors et se jette dans mes bras.

Je ne chercherai pas à décrire ce qui se passait dans nos cœurs *catholiques*, battant si près l'un de l'autre ! Nous restâmes quelque temps anéanties par l'excès de notre émotion, et versant d'abondantes larmes.

Enfin, elle s'arrache à mes embrassements et court vers la sonnette. La femme de chambre paraît.

« Faites descendre tout de suite Mlle Marie. »

Un instant après une belle jeune fille d'une quinzaine d'années accourt vers sa mère.

« Viens, viens, mon enfant, tu avais deviné juste. C'est vraiment une parente et une parente catholique que Dieu nous envoie ! »

A ces mots, la charmante enfant se jette dans mes bras avec effusion.

« Comment, il serait possible ! Une cousine catholique ! un membre de la même famille qui ne nous haïra plus ! Comment, j'aurai donc enfin une parente catholique à aimer !...

— Oui, chère enfant, oui, et deux jeunes cousines, deux jeunes amies qui seront vos sœurs, lui dis-je en lui rendant ses caresses avec une vive émotion.

— Où sont-elles, que j'aille tout de suite les serrer dans mes bras ? continua-t-elle avec empressement. Oh ! maman, partons bien vite, pour embrasser mes chères petites cousines catholiques !

— Mon enfant, nous irons demain, elles sont en pension; patience jusque-là. »

Pendant cette scène attendrissante, toutes trois nous nous embrassions l'une l'autre; nous pleurions, nous ne cessions de remercier Jésus, qui nous avait ménagé un pareil bonheur.

Lorsque le calme se fut un peu rétabli, je demandai à ma cousine l'explication de ces mots adressés à sa fille, au moment où elle entra au salon : *Tu avais deviné juste, elle est catholique.*

« C'est l'effet de la lettre que vous avez écrite hier, et que Marie a parcourue avec avidité. Après l'avoir lue : « Oh! maman, s'est-elle écriée, vois, « comme il y a du cœur dans ce billet! Celle qui « l'a écrit est catholique, j'en suis bien sûre, car « une protestante n'aurait pas tracé de pareilles « lignes. »

A travers quelques mots écrits sans réflexion et à la hâte, la pieuse enfant avait deviné d'avance ce secret, qui faisait toute ma joie.

Le lendemain, nous nous rendîmes toutes trois à la maison d'éducation où étaient mes enfants; et là se renouvelèrent des scènes de pieuse et attendrissante émotion.

Les trois jeunes amies se jurèrent une affection éternelle, et rien n'était charmant comme de voir ainsi s'exhaler la naïve et touchante joie de ces chères enfants.

Il va sans dire que, ma cousine et moi, nous n'eûmes rien de plus pressé que de nous raconter nos conversions réciproques. Nous nous accablions de questions, et nous jetions à chaque instant des exclamations de surprise, d'admiration et de reconnaissance en entendant ce que Dieu avait fait pour chacune de nous.

Dès qu'elle eut appris le nom de celui à qui je devais mon bonheur, et qui avait été un si fidèle instrument dans les mains de Jésus pour me ramener à la vérité, elle voulut le connaître.

Elle brûlait de venir serrer la main à cet apôtre laïque, dont la conduite excitait son admiration.

En effet, le lendemain elle vint chez moi et j'eus le bonheur de la présenter à mon cher parrain. Là, après un échange des plus pieux, des plus doux sentiments, elle voulut bien nous raconter en détail l'histoire de sa vie et de sa conversion, dont elle n'avait pu la veille que me dire quelques faits détachés.

Nous eûmes l'âme embaumée à ce récit merveilleux, auprès duquel le mien pâlissait.

Elle nous fit connaître, avec une simple et modeste naïveté, les grâces admirables qu'elle avait obtenues, les persécutions affreuses qu'elle avait supportées non-seulement avec résignation, mais en-

core avec une sainte joie, heureuse, disait-elle, d'ê-
tre trouvée digne de souffrir quelque chose pour
Jésus.

Depuis ce jour, cette pieuse femme, cette cousine si
miraculeusement retrouvée, et que désormais j'ai toujours regardée comme une sainte, est devenue pour
moi l'amie la plus dévouée, le guide le plus sûr, la
sœur la plus chérie en Notre-Seigneur Jésus-Christ.
Quelle étonnante bonté, quelle touchante prévoyance
de la part de Dieu! Avec quel soin paternel il a
écarté toute occasion de retrouver cette cousine, tant
que j'étais protestante! Quoique habitant le même
pays, souvent la même ville, sa main divine avait
éloigné notre rapprochement. Et il semblait qu'il
eût attendu le moment, où j'en apprécierais toute la
valeur, pour nous réunir, et m'accorder une des
plus précieuses faveurs qu'il fût possible à sa bonté
de m'octroyer, celle d'une sainte et pieuse sœur catholique.

En effet, quelle joie de ne plus se sentir seule, au
milieu d'une nombreuse famille, à connaître et à
adorer la vérité. Combien, malgré la vive tendresse
que j'ai ressentie pour mes propres sœurs, je trouvai de différence entre les liens naturels du sang, et
cette pieuse et profonde tendresse que j'éprouvais
pour la sœur selon la foi que Jésus m'avait envoyée pour me consoler dans mon isolement com-
plet. Dieu me donna encore en ce moment une au-

tre consolation, celle d'habiter dans le voisinage de mon excellent parrain.

Amenée par les circonstances les plus providentielles à demeurer aussi tout près de cette chère église où j'avais reçu le baptême, ma vie s'écoulait dans la solitude, le travail et la prière.

Que me manquait-il désormais? Un seul vœu s'était échappé de mon cœur, purifié par les eaux du baptême et de la pénitence; une seule prière était sortie de mes lèvres, sanctifiées par la visite de mon divin Sauveur à ma première communion, et Dieu m'avait exaucée. « Donnez-moi, Seigneur, m'étais-je écriée dans l'agonie de la douleur, pendant l'orage un petit coin inconnu où je puisse librement et en paix m'occuper de vous et vous servir fidèlement. »

Et Dieu m'avait créé cette petite demeure, modeste, isolée, où loin du monde et de la persécution je pouvais, dans le silence de mon cœur, l'adorer et le bénir, et où il habitait, pour ainsi dire, avec moi, tant sa présence et sa providence m'ont couvée d'un regard protecteur!

« Puis, avais-je ajouté, Seigneur, faites que je vous aime tous les jours davantage, car il me semble qu'en m'accordant votre amour, il ne vous reste plus rien à me donner, ni à moi rien à désirer. »

Et le Seigneur Jésus m'a encore écoutée, il a fait

de mon âme un sanctuaire, où se chante un *Alleluia*
éternel. Je suis donc exaucée, ô mon Dieu, au delà
de mes espérances et de mes désirs, il ne me reste
plus qu'à me courber avec bonheur et confiance,
sous le joug si doux de votre sainte volonté, en ne
désirant plus qu'une seule grâce, c'est qu'elle s'ac-
complisse en moi toujours.

Mais cette consolation que me donnait ma nouvelle foi, cette sainte joie, cette paix délicieuse dont
jouissait mon âme, les miens ne la partageaient
pas!...

« Me suffirait-il de jouir seule de vous, ô mon Jésus, ne voyant aucun membre de ma chère famille partager mon bonheur ? »

Avec quelle ardeur n'ai-je pas soupiré après le
moment où Dieu me dirait d'aller leur annoncer la
bonne nouvelle.

Un jour, un ancien et vieil ami de ma famille,
ardent protestant, méthodiste exagéré même, passant quelques jours à Paris, vint me voir de la part
des miens. Sans doute que quelque chose dans mon
extérieur le frappa et lui fit concevoir des inquiétudes ; car il se mit à causer de religion, et
commença à accuser les catholiques de mille ma-
nières.

« Prenez garde, monsieur, lui dis-je tranquillement, vous jugez peut-être de ce que vous ne
connaissez pas ; moi qui suis plus à même de les

voir, je professe une très-grande estime pour les bons catholiques.

— Comment, madame, vous oseriez défendre ces idolâtres? vous êtes dans une bien mauvaise voie, et vous me faites trembler pour vous!»

Voyant un sourire involontaire errer sur mes lèvres, il saisit mes mains, et les larmes dans les yeux :

« Ah! chère enfant, j'ose, comme étant un des plus anciens amis de votre bon père, vous parler ainsi. Au nom de ce père, de toute votre famille, au nom du salut de votre âme, ajouta-t-il avec une grande solennité, ne perdez pas la foi.

— J'espère, répondis-je avec calme, qu'aidée de la grâce de Dieu, je la garderai toujours comme le plus précieux des trésors. »

Il me regarda embarrassé, et d'un œil soupçonneux :

« Mais, ma chère enfant, j'entends la *véritable foi*, celle qui peut seule nous sauver, la foi en Notre-Seigneur Jésus-Christ. Ah! ne permettez pas à ces malheureux qui paraissent en ce moment vous circonvenir, ne permettez pas qu'ils vous séparent jamais de la sainte Bible, et comptez toujours sur l'intercession de Jésus-Christ seul, auprès de Dieu son père.

— Plutôt mourir, monsieur, et pour vous convaincre de mon vif désir de suivre un aussi excel-

lent conseil, venez, lui dis-je en l'entraînant devant
une bibliothèque remplie de livres catholiques,
donnés, pour la plupart, par mon parrain.

« Voyez si je tiens à la sainte Bible : en voici une
de douze volumes que je lis avec bonheur. »

Il resta interdit et rempli d'hésitation.

J'avoue que je prenais un malin plaisir à son
embarras, et je remerciais Dieu tout bas des questions qu'il me posait, auxquelles je pouvais répondre ainsi, sans trahir ni la vérité ni mon cher
secret. Pour tout au monde je n'aurais voulu qu'il
le devinât. Ce n'était pas par un pareil ambassadeur
que devait être transmise à mes parents une nouvelle de cette importance. Moi seule, je voulais et
devais la leur annoncer ; car j'entretenais le doux
espoir que mes paroles pourraient peut-être laisser
quelques traces salutaires dans ces âmes si chères !
Les choses en restèrent là, il ne devina rien.

Un an après cette visite, l'instant si ardemment
désiré arriva.

C'était à l'automne de 185.. Dieu avait permis
qu'il s'écoulât quatre années depuis mon abjuration, sans doute afin de consolider ma foi, en la
faisant passer par le creuset de la douleur. Il voulut aussi me donner un argument tout-puissant
dans l'énergie, le courage, la force que cette même
foi m'avait fournis, pour lutter contre les peines les plus difficiles à supporter, auprès de ceux

qui allaient la combattre. Aussi, avec quel soin avais-
je caché à mon bon père et à ma tendre mère les
persécutions dont j'avais été l'objet. Loin de savoir
mes douleurs, les membres de ma famille me
croyaient heureuse. Ils connaîtront mes larmes,
me disais-je, en même temps que je leur appren-
drai mon abjuration. Ils pèseront la valeur de ma
nouvelle foi au poids des douleurs qu'elle m'aura
appris à subir.

Je partis donc, hâtant par l'ardeur de mes désirs l'heureux moment où il me serait donné de
confesser mon divin Maître. J'avais appris, peu
avant d'entreprendre ce voyage, qu'exaltées par de
zélés ministres protestants, qui leur avaient dé-
montré que ce qu'on réclamait d'elles était très-
agréable à Dieu, ma mère et mes sœurs s'étaient
empressées de signer, avec un certain nombre de
dames anglaises, une pétition adressée à la reine,
et demandant l'expulsion du cardinal Wiseman du
territoire britannique.

Cette nouvelle n'était pas faite pour m'encourager dans la démarche hardie que j'allais faire ;
mais cette considération, loin de ralentir mon
zèle, ne fit que l'exalter davantage. Car n'étais-
je pas encore plus heureuse d'aller défendre, ou
au moins proclamer la vraie foi, dans le pays où
elle paraissait le plus attaquée? J'arrivai en Angleterre, et fus reçue à bras ouverts par ma

famille, dont j'avais été séparée depuis plusieurs
années. En mettant le pied sur le sol natal, j'avais
fait d'avance à Dieu le sacrifice de tous les sentiments que la nature pouvait soulever dans mon
cœur, et j'avais déposé à ses pieds la douleur que
j'allais sans doute faire au meilleur, au plus vénérable, au plus aimé des pères !

J'avais résolu, d'après les conseils des dignes
prêtres qui me soutenaient, d'attendre, pour faire
les premières ouvertures, que Dieu fît naître une
occasion favorable, ne voulant rien brusquer, et
désirant, autant que possible, ménager les suscep-
tibilités de chacun.

J'attendis donc tranquillement jusqu'au samedi,
sans qu'aucun événement extraordinaire vînt
marquer mon séjour. Je ne pouvais garder le silence plus longtemps, parce que, le lendemain dimanche, le premier que je passais en Angleterre, il
fallait, ou suivre mes sœurs au temple protestant,
ou trancher nettement la question.

Je n'aurais pas voulu pour tout au monde que
ces retards, suggérés par la prudence et la charité,
pussent être interprétés comme des symptômes de
crainte et de dissimulation. J'avais à cœur que tout
en moi fût assez exempt de reproches pour attirer
au moins un hommage involontaire à ma chère et
sainte foi. J'éprouvais un si brûlant désir de réha-
biliter aux yeux des miens cette religion si indi-

gnement calomniée, que j'avais adressé à Dieu,
en quittant la France, la prière suivante :

« Seigneur, changez-moi, transformez-moi pendant mon séjour en Angleterre ; cachez toutes mes
imperfections, faites briller en moi toutes les vertus
qui me manquent, afin que ces parents, que j'aime
si tendrement, soient frappés du merveilleux effet
que la vraie et sainte religion catholique aura pro-
duit sur leur enfant. Que mes exemples, bien plus
que les paroles que vous m'inspirerez de leur dire,
puissent ébranler leurs cœurs ! C'est pourquoi j'ose
dire : Faites de moi une sainte pendant les six
semaines que je vais passer au milieu de ma chère
famille. Tout audacieuse que paraisse ma demande,
vous ne pouvez la refuser, car il y va de votre
gloire ! »

J'étais cependant heureuse d'avoir attendu au
samedi pour confesser ma religion, parce que
ce jour étant consacré à la sainte Vierge, j'é-
prouvais une douce joie à rendre hommage à cette
Reine céleste, si outragée dans ce malheureux
pays, en me plaçant particulièrement sous sa protection à cet instant solennel.

Oh ! comme je la priais avec amour, et combien
en ce moment, où tout appui humain allait me
manquer, étais-je heureuse de sentir à mes côtés
cette Reine des confesseurs qui allait bénir et pro-
téger mes faibles efforts. Deux des membres de ma

famille étaient absents depuis mon arrivée, ce qui, pendant la semaine qui s'était écoulée, m'avait causé un vif regret. Je compris cependant plus tard que c'était encore là un trait de la sagesse et de la prudence divines qui, prévoyant le tort que leur présence aurait pu faire, permettaient cette absence inattendue. En effet, l'un des deux, qui ne croyait à rien et ne pratiquait aucune religion, n'aurait pas manqué de jeter au travers de mes explications des sarcasmes et des railleries. L'autre était une sœur chérie, dont la santé délicate et la nature impressionnable étaient encore à craindre dans ce moment, où toute entrave, toute interruption à mes paroles eussent été regrettables.

Enfin l'heure tant désirée arriva pour moi. Toute la famille se trouvait rassemblée pour le repas du soir. Elle se composait de mon père, de ma mère, de mon frère et de deux de mes sœurs. J'attendis que les domestiques se fussent retirés et que, les portes fermées, aucune interruption ne pût venir troubler l'attention générale. Alors, faisant tout bas une invocation à Jésus et à Marie et le signe de la croix sur mon cœur, je me levai : « Mon bon père, ma bonne mère, mes amis, j'ai à vous apprendre une grande nouvelle. »

A ces premiers mots, où un frémissement d'attente et de surprise se fit entendre, mon émotion fut telle que j'eus de la peine à me soutenir.

Je continuai cependant, d'une voix altérée par les larmes :

« Oui, chers amis, je me hâte de vous l'apprendre, et, si j'ai tardé jusqu'à ce jour, c'est que je voulais moi-même venir vous le dire :

« Je suis catholique ! »

A peine ce mot fut-il tombé de mes lèvres, qu'un mouvement de douloureuse surprise se fit sentir autour de moi ; puis, un silence profond succéda à ce moment de première agitation. J'étais retombée sur ma chaise, anéantie par l'émotion, ayant complétement perdu la voix pour un instant. Il me semblait qu'un voile passait sur mes yeux, et j'éprouvais à la gorge une contraction nerveuse, contre laquelle je ne pouvais lutter, et qui m'empêchait d'articuler une seule parole. Mes sœurs me voyant pâlir eurent pitié de moi, et se levèrent, malgré leur irritation, pour me porter secours. A ce moment, faisant un violent effort sur moi-même, et honteuse de cette faiblesse involontaire et que je n'avais pas seulement pu prévoir, je jetai un regard vers le ciel, en lui demandant la force de poursuivre, et me levai de nouveau.

Puis, écartant les secours qu'on voulait me prodiguer, je m'écriai : « Ah ! ne croyez pas que cette émotion soit causée par la honte ou le regret de ce que j'ai fait, bien au contraire, comprenez que c'est l'effet de la joie que je ressens en ce moment, de pouvoir vous dire ces mots, que je répète avec transport : Oui, je suis catholique, et bien heureuse de l'être. » Puis, levant les yeux au ciel, et joignant les mains avec émotion :

« Merci, mon Dieu, m'écriai-je tout haut, soyez béni de m'avoir accordé le bonheur de confesser ainsi ma foi, que je suis heureuse et fière de proclamer ici ! »

Un froid silence avait suivi le premier élan de mes sœurs, et on m'écoutait sans rien me répondre. Je portai le regard autour de moi, sur ces amis si chers de mon enfance, je vis la consternation peinte sur tous les visages. Alors m'adressant à mon vénérable et excellent père, je lui dis : « Père bien-aimé, et vous mère chérie, me permettez-vous de vous donner encore ce titre ? Pour vous faire comprendre les motifs qui m'ont fait prendre une résolution aussi grave, il faudrait vous apprendre tout ce qui s'est passé depuis notre longue séparation. J'aurais bien des choses à vous dire, bien des douleurs à vous révéler, et, si vous voulez m'écouter jusqu'au bout, j'espère que vous comprendrez et que vous apprécierez ma détermination, ainsi que les puissantes raisons qui ont motivé mon abjuration. — Parle, parle, me cria-t-on de toutes parts, hâte-toi, au nom du ciel, de te justifier à nos yeux.

— Cependant, ajoutai-je, je veux vous prévenir

qu'il me sera nécessaire pour cela d'entrer dans des
détails qui pourront alarmer vos consciences protestantes. C'est pourquoi je prie mon père chéri,
puisqu'il veut bien m'accorder la parole, de m'arrêter dès le premier mot qui pourrait le blesser. Je
dois à ma nouvelle foi de ne rien cacher qui puisse
vous la faire connaître; mais elle m'enseigne
aussi tout le respect, toute la déférence qu'un enfant
doit au meilleur des pères, à la plus tendre des
mères. Dieu m'est témoin de la douleur que res-
sentirait mon cœur catholique, si je pouvais un
seul instant les affliger ou leur déplaire.... — Mais
parle donc, au nom du ciel, il n'y a rien que nous
désirions tant que de t'entendre!... »

Alors faisant sur mon cœur un second signe de
croix, dont personne ne s'aperçut, excepté mon
ange gardien, je commençai. Je racontai tout, ab-
solument tout : ma rencontre avec M. N..., nos
discussions, mes hésitations, ma perplexité. Je parlai de la manière dont la lumière m'était apparue,
des inspirations divines que Dieu m'envoyait, de la
conviction profonde qui s'établit peu à peu dans
mon âme, du bonheur que me faisait ressentir ma
nouvelle foi. Je leur découvris, pour la première
fois, les douleurs, les persécutions que j'avais
essuyées, les larmes amères que j'avais versées. Je
tâchai de mon mieux de leur faire comprendre
l'énergie, la force, le courage, la confiance, la douce

paix que je puisais dans la religion catholique; de
les initier aux douceurs ineffables que ressentait
mon âme en allant puiser la consolation et la grâce
dans les sacrements de l'Église. Je parlais, je parlais
toujours. Les paroles coulaient involontairement de
mes lèvres, qui avaient à peine le temps de traduire
les pensées se succédant avec la rapidité de l'éclair.
Je me rappelais toutes les circonstances les plus mi-
nutieuses, comme les événements les plus frappants.

Oubliant tout ce qui m'entourait, méprisant et
jetant derrière moi, sans m'y arrêter, les observa-
tions malveillantes, les sarcasmes railleurs, qui
s'échappaient autour de moi à voix basse, j'allais
toujours, entraînée et ravie de publier ma reconnaissance avec ma foi, et heureuse surtout de jeter
ainsi, tout en n'ayant que l'air de raconter, quelques semences de vérité dans ces âmes si chères,
comptant sur le Seigneur, quand il jugera bon de
les faire fructifier.

Pendant mon récit, uniquement occupée de ce
qui se passait dans mon âme, je ne regardais personne. Mais, chose étrange, pendant cette longue
histoire on ne m'avait pas arrêtée.

Cependant les explications que je donnais, sans
me gêner en rien, auraient dû blesser leurs consciences de protestants.

Mais Dieu permettait que l'intérêt attaché au récit de mes malheurs les captivât de telle sorte, que

personne n'eut la pensée de l'interrompre, et j'entendis vers la fin des exclamations de sympathie et même d'approbation. Enfin, je me tus, je levai les yeux, toute la famille fondait en larmes !!!

Et pourtant personne ne s'approchait de moi pour me donner le premier un témoignage d'affection.... Alors, mon vénérable père se leva du canapé, où il avait écouté en silence, et traversant le salon, il vint à moi, en m'ouvrant les bras :

« Ah ! mon enfant bien-aimée, viens sur le cœur de ton vieux père. Il est vrai que j'ai un peu perdu l'habitude d'entendre parler le français ; comme tu as désiré te servir de cette langue, qui t'est devenue familière, pour nous raconter tes chagrins et tes tribulations, je n'ai pas pu bien suivre tout ce que tu as dit, surtout les explications que tu as données si en détail sur ta nouvelle religion. Cependant j'en ai entendu assez pour te dire que tu as été une héroïne de courage et de résignation. Le bon Dieu t'a bénie, cela est certain, d'une manière évidente ; ton vieux père veut te bénir aussi. »

Alors ce père bien-aimé me serra sur son cœur, et je restai quelques instants suffoquée par les plus douces larmes que j'eusse versées depuis longtemps !

Le noble élan de mon si digne et généreux père ne tarda pas à être imité par tous les membres de ma famille, et chacun vint à son tour m'assurer que, quoique je fusse catholique, ils conserveraient

encore pour moi, de l'estime et de l'affection. Que
d'intéressants détails n'aurais-je pas à donner ici
sur le merveilleux effet que produisit cet événement !

Mes sœurs instinctivement venaient me consul-
ter ; ma mère et mon père se servaient de moi
pour donner des conseils à différents membres de
la famille, dont la conduite leur causait de la peine.
Je paraissais leur inspirer, malgré eux, un respect
qui finissait par se manifester même dans les
paroles. J'eus la joie de calmer, d'adoucir des
douleurs d'intérieur, de rétablir la paix parmi les
uns, d'essuyer les larmes des autres. Une de mes
sœurs surtout, chère et tendre âme s'il en fut
jamais, arrêta hardiment une personne qui, disant du mal de la religion catholique, me couvrait de sarcasmes et d'injures. « Sachez, lui dit-
elle, que dorénavant on ne dira jamais du mal de
cette religion devant moi ; car une foi qui a rendu
ma sœur aussi résignée, aussi courageuse, est digne au moins de ma reconnaissance. »

Mon pauvre frère, rempli de tendresse à mon
égard, vint le lendemain de cette soirée mémorable,
avec un air grave et peiné, me demander un entretien. Il me fit asseoir à côté de lui, et, m'attirant sur
son cœur, il se mit à pleurer :

« Ah ! ma sœur chérie, je n'aurais pas voulu pour
tout au monde troubler la joie que t'a causée la
bonté de notre père hier au soir. Mais, je viens

ici te dire toute ma peine. Tu n'es plus des nôtres!
Il me semble qu'une barrière s'est élevée entre
nous; une des brebis s'est écartée du bercail, et
je ne pourrai jamais m'en consoler!

— Mais, mon ami, si, au contraire, je te prouve
que la brebis est rentrée au bercail, où elle voudrait
vous attirer tous, » lui répondis-je avec tendresse.

Je n'entrerai pas dans les détails de cette scène pénible, suivie de plusieurs autres entre ce frère chéri
et moi. J'ajouterai seulement que, vaincu par mes
prières, touché par mes larmes, éclairé par mes
explications, surtout sur le clergé catholique, il finit
par cesser ses reproches, et même nos conversations
le captivèrent au point qu'il les recherchait toujours.

Ma famille habitait au bord de la mer, et je me
souviens avec émotion des longues soirées passées
sur ce beau rivage, par de ravissantes nuits d'été,
mon bras passé dans le sien. Je lui parlais de ma
joie, des consolations que me faisait ressentir la foi
catholique; des douceurs inexprimables et de la force
divine qu'on puise dans les sacrements de l'Église;
de l'effet merveilleux qu'ils produisaient dans mon
âme, tout embaumée de paix, de reconnaissance et
d'amour! Lui, m'écoutait et il pleurait. Nous res-
tions là jusqu'à une heure fort avancée de la nuit;
et, lorsqu'il me ramenait à la porte de ma demeure,
il me disait en me serrant avec émotion dans ses
bras : « Que j'envie ton bonheur! Tu es une noble

femme, et Dieu t'a bénie d'une manière merveilleuse, mais, vois-tu, je ne pourrai jamais croire ce
que tu crois! »

« Pauvre et cher frère, Dieu, un jour, je l'espère,
fera naître du germe déposé dans ton cœur, par ces
doux épanchements passés pour ne plus revenir,
une étincelle de lumière qui éclairera tes ténèbres! »

. . . . . . . . . . . . . . . . . . . . . . . . . . . . . .

Je ne savais pas, hélas! que cette visite serait la
dernière, que j'aurais le bonheur de faire à mon père
bien-aimé. La cruelle mort me l'a enlevé sans que
j'aie pu l'embrasser de nouveau! La pensée de ce
séjour auprès de lui, des dernières paroles qu'il m'a-
dressa, en me disant adieu, est une grande consolation à ma douleur : « Dieu t'a envoyée, mon enfant chérie, comme un rayon de soleil pour réchauffer
mes vieux jours. Tu es un ange de paix venu du ciel
pour ramener le calme et la sérénité au foyer paternel. Reçois la bénédiction de ton vieux père et
prie pour lui ! »

Une autre grande consolation, que Dieu dans son
infinie miséricorde m'a réservée, est le souvenir de
cette soirée solennelle où je confessai ma foi devant
mon père. Ne m'avait-il pas dit : « Mon enfant, je n'ai
pas bien pu comprendre les explications que tu m'as
données ni les raisons qui t'ont décidée à abjurer. »
Ainsi, je pouvais être sûre qu'il n'avait pas méconnu
ou rejeté la lumière et la grâce que Dieu lui envoyait

par ma bouche, et qu'il était resté protestant de
bonne foi, puisqu'il n'avait pas été éclairé. Quelle
confiance je ressens à cette pensée, et avec quel
bonheur je prie pour ce père qui bien que séparé de
la véritable Église par sa foi, en faisait cependant
partie par l'innocence, la pureté de sa vie, par son
union continuelle avec son Dieu, dont il parlait toujours avec respect et amour.

A présent du moins il voit, il comprend l'erreur
où il était, et il ressent, je l'espère, l'avantage des
prières, des sacrifices et des croix que sa fille catholique offre avec bonheur pour le repos de son
âme, elle qui est seule de tous ses enfants à prier
pour lui aujourd'hui.

Je revins d'Angleterre sans avoir converti un seul
membre de ma famille, mais ayant avec la grâce
de Dieu semé dans ces cœurs, tous bons et généreux, des paroles que Dieu daignera bénir un jour.

J'ose espérer que ceux qui jetteront par hasard
les yeux sur ce petit récit, et qui ont comme moi
le bonheur d'être catholiques, voudront bien faire
une prière à Marie pour ces chers membres de ma
famille, si à plaindre d'être privés des bienfaits dont
nous jouissons.

Si Dieu permettait aussi que ce petit écrit tom-
bât jamais entre les mains de ceux qui m'ont fait
verser tant de larmes, qu'ils sachent bien que je leur
ouvre les bras avec bonheur! Loin de leur en vou-

8

loir, je les remercie de tout le bien qu'ils ont fait à mon âme. Sans leurs persécutions qu'aurais-je à espérer de Dieu, et surtout qu'aurais-je à lui offrir, en retour de ses innombrables bienfaits? N'ont-ils pas été les instruments dont il s'est servi pour m'attacher à lui, et par cela même ne sont-ils pas des bienfaiteurs qui m'ont ouvert la porte du ciel, en m'ouvrant la voie des larmes? Je ne puis donc que les remercier et les bénir avec le doux espoir de leur prouver un jour la sincérité de mes sentiments.

Que me reste-t-il à dire, Seigneur, sinon que vous avez eu pitié de ma douleur maternelle en me rendant mes chers enfants? Vous avez ainsi mis le comble à mes vœux. Qu'ai-je à désirer maintenant, puisqu'auprès d'eux je puis vous bénir et vous servir? Faites, ô mon Dieu, que je travaille fidèlement au salut de ces chères âmes que vous m'avez confiées, et que je remplisse dignement la douce et noble mission que, dans votre divine bonté, vous avez daigné me donner.

Et vous, ma Mère du ciel, vous, sainte Vierge Marie, la première, la seule parfaite épouse et mère chrétienne, enseignez-moi à marcher sur vos traces, et que ma fidélité à rester toujours votre dévouée et reconnaissante enfant, m'attire la grâce de beaucoup vous faire aimer par tous ceux qui me sont chers et par d'autres.

.FIN.

# TABLE.

FIN DE LA TABLE.

PARIS. — IMPRIMERIE DE CH. LAHURE ET C$^{ie}$

Rues de Fleurus, 9, et de l'Ouest, 21

Paris. — Imprimerie de Ch. Lahure et Cie, rue de Fleurus, 9.

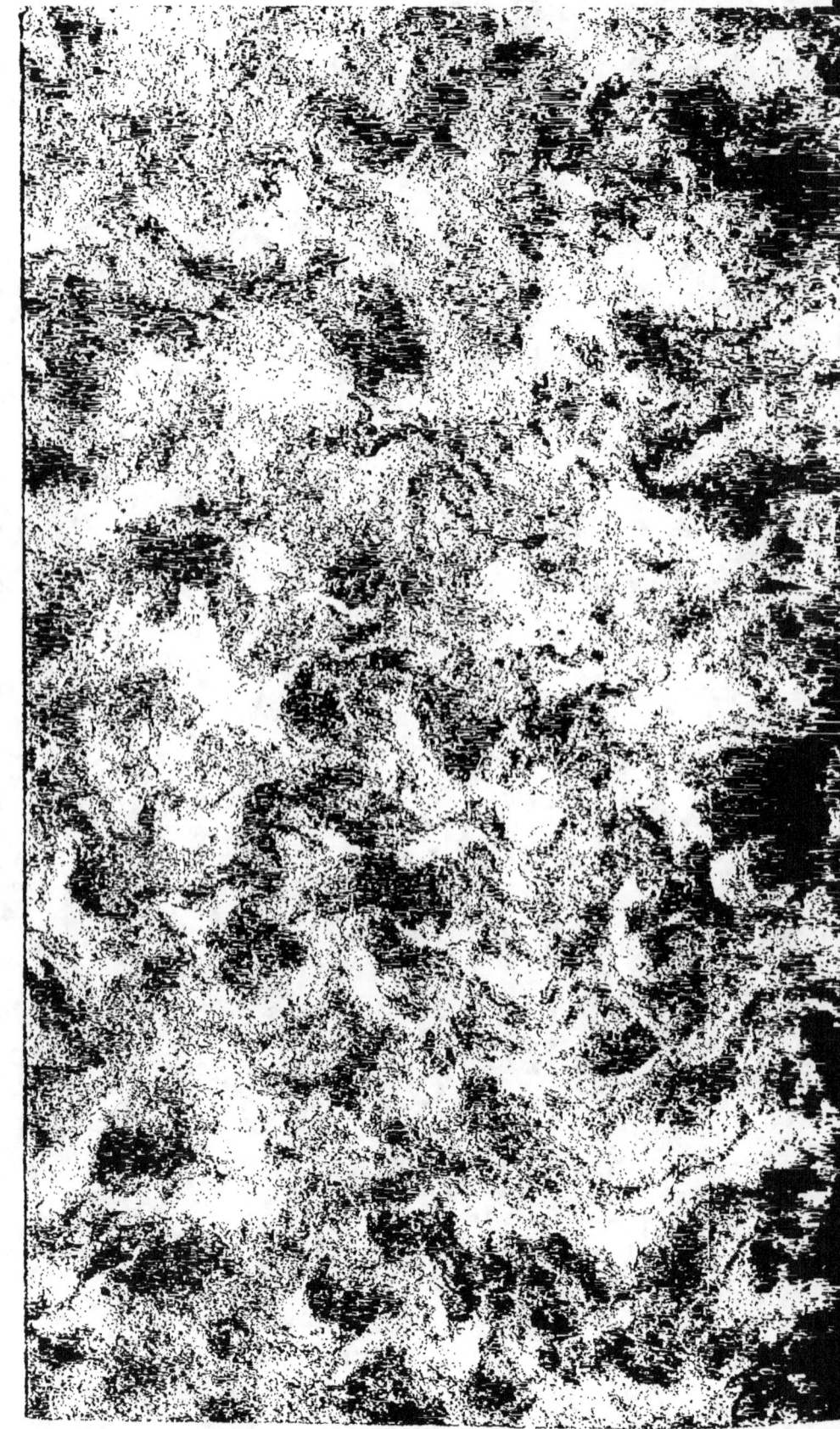

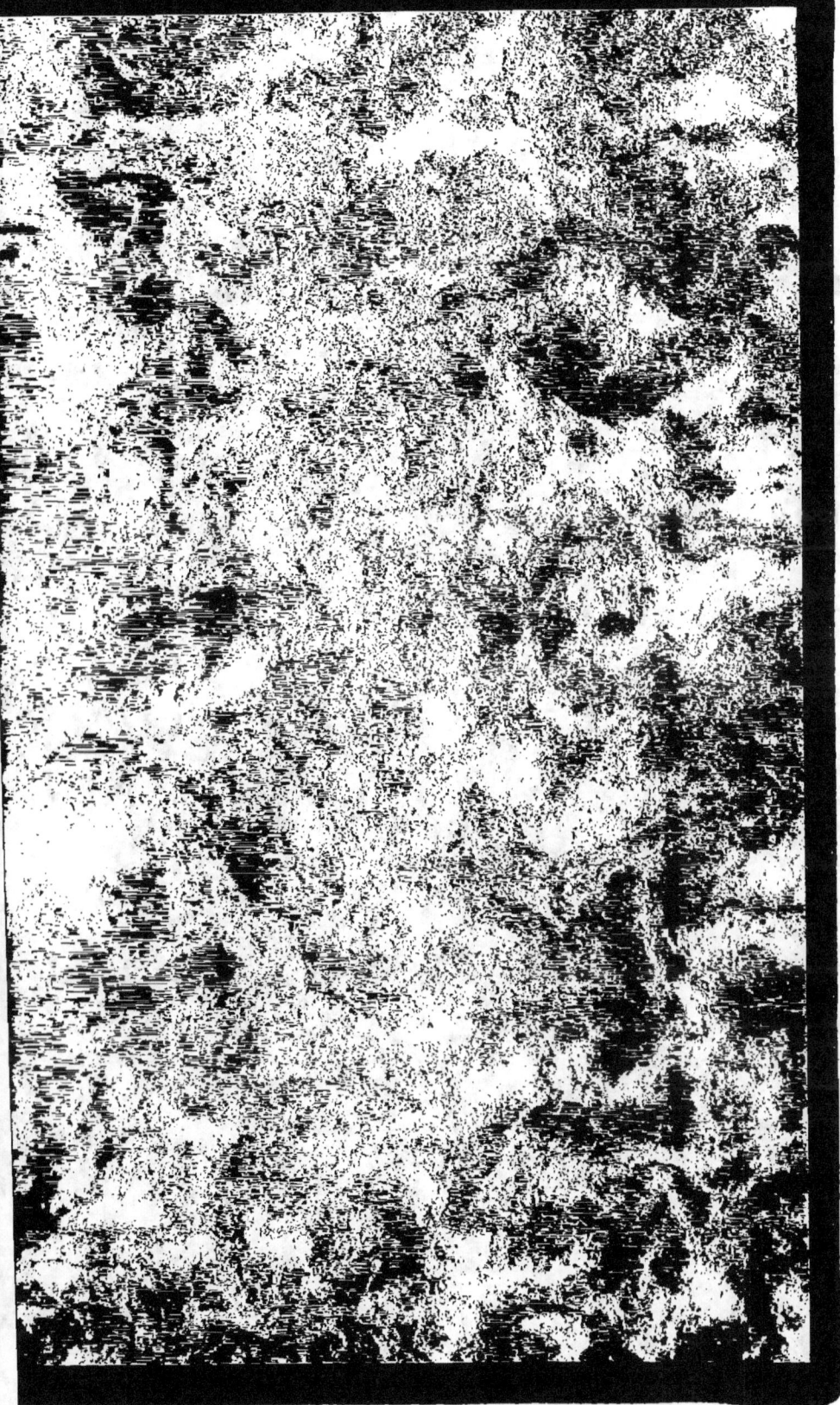